# AI 商业应用

## 从入门到精通

## 基于IP立体化打造

刘丙润 著

## 内容提要

通过AI技术辅助新媒体内容创作，可以更好地进行商业应用，这也是未来的发展趋势。本书系统地介绍了将AI技术与商业应用结合，实现IP的立体化打造，从而获得收益。本书有助于文章、视频、直播内容创作者极大地提升工作效率。

本书共分为10章，分别介绍了IP定位、IP艺名、IP内容创作、打造爆款内容、打造私域群体、AI+IP文案实现基础收益、AI+IP视频实现商业化应用、AI+IP直播实现商业化应用、AI+IP矩阵实现商业化应用，以及AI辅助IP商业化应用进阶版，书中内容囊括了通过AI打造IP的整套方法。无论是新媒体行业的新人还是有经验的老手，都能从这本书中受益。

本书适合希望做个人品牌的读者、个人创业者、新媒体新人、新媒体爱好者、新媒体从业人员，以及相关培训机构参考和阅读。

图书在版编目(CIP)数据

AI商业应用从入门到精通：基于IP立体化打造 / 刘丙润著. -- 北京：北京大学出版社，2024.7. -- ISBN 978-7-301-35265-6

Ⅰ.F716

中国国家版本馆CIP数据核字第2024P9Q415号

| | |
|---|---|
| 书　　　名 | AI商业应用从入门到精通：基于IP立体化打造 |
| | AI SHANGYE YINGYONG CONG RUMEN DAO JINGTONG: JIYU IP LITIHUA DAZAO |
| 著作责任者 | 刘丙润　著 |
| 责 任 编 辑 | 王继伟　孙金鑫 |
| 标 准 书 号 | ISBN 978-7-301-35265-6 |
| 出 版 发 行 | 北京大学出版社 |
| 地　　　址 | 北京市海淀区成府路205号　100871 |
| 网　　　址 | http://www.pup.cn　新浪微博：@北京大学出版社 |
| 电 子 邮 箱 | 编辑部 pup7@pup.cn　总编室 zpup@pup.cn |
| 电　　　话 | 邮购部 010-62752015　发行部 010-62750672　编辑部 010-62570390 |
| 印 刷 者 | 三河市博文印刷有限公司 |
| 经 销 者 | 新华书店 |
| | 880毫米×1230毫米　32开本　5.5印张　148千字 |
| | 2024年7月第1版　2024年7月第1次印刷 |
| 印　　　数 | 1-4000册 |
| 定　　　价 | 39.00元 |

未经许可，不得以任何方式复制或抄袭本书之部分或全部内容。
**版权所有，侵权必究**
举报电话：010-62752024　电子邮箱：fd@pup.cn
图书如有印装质量问题，请与出版部联系，电话：010-62756370

前言

Preface

随着人工智能技术的突破,未来必然会有大量的工作岗位被生成式AI取代。作为新媒体从业者,我认为现阶段丢掉工作不是我们应该担心的,如何借助人工智能技术提升工作效率,并更好地实现商业应用才是我们应该思考的。

目前,人工智能在各行各业引发了一系列颠覆性的技术革命,给我们的工作、生活带来极大便利的同时,也给我们带来了危机。

以我为例,我已经在新媒体行业摸爬滚打了10年左右,从来没有像近两年这样感到使用AI工具能如此高效、便利,同时也从来没有感受过如此强烈的危机感。

之前我写一篇文章,从成型到发布需要1小时左右。当我熟练使用AI工具后,甚至只用20分钟就能完成一篇质量较高的文章。

打造IP时,合理地使用AI工具,可以提高工作效率。本书上篇重点讲解如何通过AI完成个人IP的塑造与运营。有了AI的辅助,打造IP的漫长过程就被缩短了,这意味着获得收益的时间提前了。本书下篇重点讲解如何借助AI进行IP的商业化应用,我独创了一些很好用的模板,无论是国内的 AI 大模型还是国外的 AI 大模型，都可以套用并输出高质量的内容。

通过 AI 辅助新媒体内容创作，从而获取收益，这将开辟一个新的商业赛道。对于新媒体从业者来说，如果不想被时代淘汰，则不要错过这次机会。

**温馨提示**

本书附赠资源可用微信扫描右侧二维码，关注微信公众号，并输入 77 页下方的资源下载码，根据提示获取。

博雅读书社

# 上 篇
## AI 时代，个人 IP 的塑造与运营

### 01 第1章
### IP 定位——互联网时代，人人都是 IP

1.1 五圈定位法——挑选适合你的 IP 路线　/ 002

1.2 SWOT 分析法——如何更精准地进行 IP 市场分析？　/ 004

1.3 目标受众分析——如何生成 IP 可行性报告？　/ 008

1.4 标签记忆法——量身打造人设标签，让读者过目难忘　/ 011

1.5 互联网 IP 解析：我们应该成为怎样的 IP？　/ 015

### 02 第2章
### IP 艺名——商业化 & 版权要抓稳

2.1 艺名五要素，好记好听还好用　/ 019

2.2 商标注册有方法，我该如何保护艺名？　/ 020

2.3 AI 七步法——取艺名，只需 7 步　/ 025

2.4 如何把艺名标签化？6 个要点请记牢　/ 027

## 03 第 3 章
## IP内容创作——5个经典的内容创作模板

3.1 故事情节模板 / 030

3.2 问题解答模板 / 033

3.3 列表式模板 / 036

3.4 行业趋势分析模板 / 039

3.5 实用技巧分享模板 / 040

## 04 第 4 章
## 爆款内容方法论——流量为王,做好IP背书

4.1 标题吸引力法则 / 043

4.2 热点文拆解模板,把热点变成流量 / 047

4.3 引导关注话术,增加粉丝关注比 / 053

4.4 机器也有温度,AI写作引发情感共鸣 / 056

4.5 话题延伸——AI来降重 / 060

## 05 第 5 章
## 从平台引流,打造私域群体

5.1 引流到私域社群的专业话术 / 070

5.2 盘活社群的5个模板 / 074

5.3 输出私域属性内容,增加曝光率 / 078

5.4 新媒体平台私域引流技巧 / 082

# 下 篇
## AI 商业应用

### 06 第6章
### AI+IP文案，5种途径实现基础收益

6.1 基础流量收益，把握新媒体时代的红利 / 087

6.2 商业合作收益，AI以量取胜，打造甲方满意文案 / 093

6.3 投稿收益——AI速写法 / 096

6.4 读书收益——AI精准定位，打造流水线商业内容 / 100

6.5 图文带货收益——AI调试，打造引起读者共鸣的内容 / 103

### 07 第7章
### AI+IP视频，实现商业化应用第一步

7.1 广告分成，AI辅助出片 / 107

7.2 品牌合作，AI辅助创作 / 111

7.3 电商推广，AI辅助引导用户下单 / 114

### 08 第8章
### AI+IP直播，实现商业化应用第二步

8.1 AI生成话术，提升虚拟礼物收入 / 118

8.2 AI生成话术，带动PK氛围 / 123

8.3 AI生成话术，提升直播带货业绩 / 128

8.4 数字人直播模式，打造无人直播间 / 132

## 第 9 章
## AI+IP 矩阵,实现商业化应用第三步

9.1　AI 辅助制定规则,实现矩阵规模化管理　/ 136

9.2　AI 智能调试,实现矩阵文章、视频文案批量收益　/ 142

9.3　AI 智能调试,实现矩阵商业合作收益　/ 146

9.4　AI 辅助矩阵变现,实现由个人到团队的蜕变　/ 149

## 第 10 章
## AI 辅助 IP 商业化应用进阶版,跑通底层逻辑

10.1　精准定位发展方向+方向迭代　/ 151

10.2　AI 辅助实现核心内容短平快持续输出　/ 157

10.3　AI 辅助社交媒体推广,提高 IP 知名度　/ 159

10.4　AI 辅助分析未来趋势,绑定个人与时代红利　/ 166

# AI 时代，
# 个人 IP 的塑造与运营

打造 IP 可以理解为打造影响力，使自己在同行中能够拥有更高的话语权，从而更轻松地实现商业变现。然而，很多新媒体博主只看到了眼前的蝇头小利，没有形成打造 IP 的意识。本书上篇将从最基础的 IP 定位和 IP 赋能讲起，让读者了解打造 IP 重要性的同时，一步步学会如何塑造与运营自己的 IP。

# 第1章
# IP 定位——互联网时代，人人都是 IP

> 2019年，知识型博主开始涌现，我认识的一些粉丝量在1万～50万的博主，他们依靠自己的黏性粉丝持续实现商业变现，每个月都能有1万元以上的收入。那段时间我一直在思考，究竟什么是 IP？IP 指代什么？
>
> 直到后来与同行业的导师、专家不断沟通和学习后我才意识到，并非达到百万粉丝、千万粉丝的级别才算 IP，而是要看粉丝的黏性。即使粉丝只有500人、1000人，只要能够转化为收益，就算是实现了 IP 的价值。

## 1.1 五圈定位法——挑选适合你的IP路线

想做好一个 IP，一定要先定位，清楚自己该做什么类型的 IP。

如果你是一位美容美发师，可以做 IP 吗？可以，但如果你去做美食博主，这样的 IP 定位显然不合适。

如果你是一位化学老师，可以做 IP 吗？可以，但如果你去讲家居装修的内容，显然也是不合适的。

我们究竟应该做什么类型的IP？根据经验，我总结出一个五圈定位法，把自己的优势、需要输出的知识、需要打造的形象等画成5个圈，如图1-1所示。5个圈交集最大的那个点就是IP的定位。

图1-1　五圈定位法

第1个圈：我会做什么？个人技能永远是打造IP的前提，也就是说，做你最擅长的事。如果你是美容美发师，就做美容美发类的IP；如果你是家居装修师，就做家居装修类的IP。一般来说，在某个行业储备的知识越多，就越容易通过知识获取收益。

第2个圈：我想做什么？可以通过自己的兴趣爱好来确定这一点，毕竟兴趣是做好事情的前提，有了兴趣才有动力持续做下去。想做IP的大有人在，最终坚持下来的却没有几个人。

第3个圈：市场需要我做什么？想通过IP进行商业变现，就一定要考虑市场需求。即使你拥有丰富的专业知识，但是如果市场没有需求，也是无法实现商业变现的。

第4个圈：我能表达什么？要表达的内容一定是有价值的，而且要适合创作，例如办公软件的常用技巧、如何快速升职加薪等。

第5个圈：我能够突出的价值观是什么？可以通过思考以下几个问题来获取：你的IP能传递怎样的价值观？该价值观的具体表现是什么？是否有针对性？

接下来通过案例讲解如何通过五圈定位法确定个人IP，如图1-2所示。

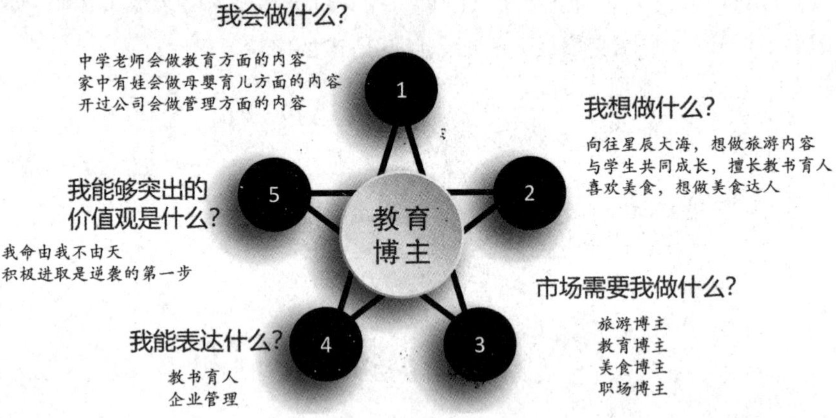

```
                    我会做什么？
         中学老师会做教育方面的内容
         家中有娃会做母婴育儿方面的内容
         开过公司会做管理方面的内容
                         1
                                        我想做什么？
                                  向往星辰大海，想做旅游内容
   我能够突出的                              与学生共同成长，擅长教书育人
   价值观是什么？   5         教育         2    喜欢美食，想做美食达人
   我命由我不由天              博主
   积极进取是逆袭的第一步
                                        市场需要我做什么？
                                        旅游博主
         我能表达什么？    4         3     教育博主
                教书育人                  美食博主
                企业管理                  职场博主
```

图1-2　五圈定位法案例

通过五圈定位法分析，可以很容易得出IP定位——教育博主。

## 1.2　SWOT分析法——如何更精准地进行IP市场分析？

个人定位选好之后，就要开始分析市场了。

文章有没有阅读量？

视频有没有用户点赞、打赏？

付费专栏有没有黏性粉丝？

直播能否卖出产品？

……

进行市场分析时，我一般采用SWOT分析法，这是一个经典的分析模型，如图1-3所示。

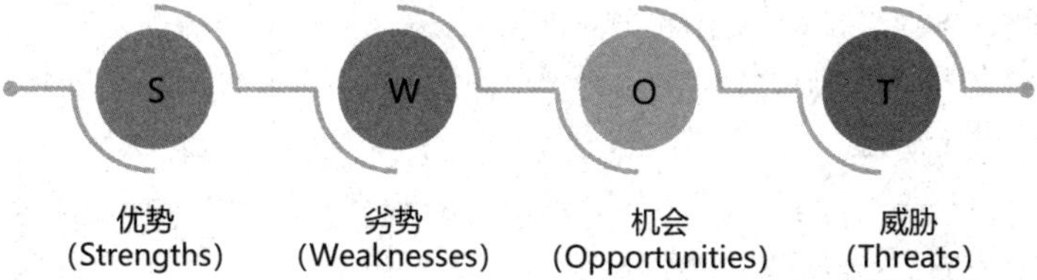

优势　　　　劣势　　　　　机会　　　　　　威胁
(Strengths)　(Weaknesses)　(Opportunities)　(Threats)

图1-3　SWOT分析模型

S指优势，包括拥有的特定技能、隐形资产、品牌声誉、专业知识、创新能力等，还可以把这些优势进行整合，以实现资源的最大化。

W指劣势，包括不利因素、种种限制，例如低效率流程团队内部的管理问题、某些特定的技能短缺等。对于劣势，要秉持学习改进的态度，尽最大的可能降低潜在的负面风险。

O指机会，包括市场大环境、有利于个人发展的机会。例如竞争对手的薄弱点、个人技术的进步、新兴市场及市场趋势等。

T指威胁，包括外部环境可能对个人带来的种种威胁因素，例如市场竞争、政策变化、技术漏洞及经济的不稳定性等。

掌握了SWOT分析法之后，只需要在人工智能大模型中输入关键信息，补充相应指令，即可辅助我们做出市场分析。

沿用上一节内容，通过五圈定位法选定了IP方向，即教育博主。

**对文心一言输入假定关键信息：**

我从事教育行业15年，深耕中学数学领域，往年帮助很多学生拿到年级第一的好成绩，且总结了一套学习方法和技巧，能够快速提升学习成绩。

请结合SWOT分析法帮我做一份IP市场分析。

**文心一言输出：**

根据您提供的信息，我可以为您进行SWOT分析，以帮助您在IP市场中更好地定位。

优势（Strengths）：

经验丰富：您在教育行业已有15年的经验，且专注于中学数学领域。这表明您对教育有深入的理解和丰富的实践经验。

成功案例:您往年帮助很多学生取得了年级第一的好成绩,这表明您的教育方法很有效。

独特的学习方法和技巧:您总结了一套独特的学习方法和技巧,这使得您的教学方法具有差异化和独特性。

劣势(Weaknesses):

知名度:虽然您有丰富的经验和成功的案例,但在IP市场的知名度可能还不高。这需要您在推广和品牌建设上投入更多的精力。

资源:将您的经验和教学方法推广到更大的市场时,可能需要的资源包括多样化的教学内容和方法,以及适用于不同学习风格和能力水平的学生。

机会(Opportunities):

市场增长:随着对教育质量高和效果好的需求的增加,您可以利用这一趋势来扩大您的IP市场影响力。

技术进步:现代技术的进步使得远程教育和在线教育变得更加可行和高效,为您提供了更多的教育机会和方式。

威胁(Threats):

竞争激烈:教育行业竞争激烈,您需要提供独特和高质量的教育服务,以区别于其他竞争对手。

法规和政策:教育行业的法规和政策可能会发生变化,这会影响您的业务。您需要密切关注这些变化并做出相应的策略和调整。

通过SWOT分析,您可以更好地了解自己的优势、劣势、机会和威胁,从而在IP市场中做出明智的决策和制定合适的发展战略。

**对文心一言输入:**

假定上述信息,继续通过SWOT分析法,帮我做自媒体博主的IP市场分析。

**文心一言输出如下:**

根据您提供的信息,以下是您在自媒体博主领域的SWOT分析,以帮助您更好地了解市场情况。

通过 SWOT 分析，您可以将自媒体博主作为 IP 定位。

优势（Strengths）：

专业知识和经验：您在教育行业有 15 年的经验，可以为 IP 市场提供有价值的信息和见解。

独特的学习方法和技巧：您总结的学习方法和技巧可以以文章、视频等形式分享给学生们，帮助他们更好地学习。

社交媒体影响力：作为自媒体博主，您可以利用社交媒体平台来扩大影响力，吸引更多的粉丝。通过分享教学经验和成功案例，您可以树立起个人品牌形象。

劣势（Weaknesses）：

知名度：虽然您有着丰富的经验和成功的案例，但在自媒体博主领域的知名度可能还不够高。您需要通过积极的内容营销和推广来提高知名度。

内容质量：自媒体博主需要提供高质量、有趣和有用的内容来吸引粉丝。您需要充分发挥专业知识和教学经验，创作出有吸引力的内容。

机会（Opportunities）：

扩大受众：通过自媒体平台，您可以接触更多的受众，从而扩大您的受众群体。通过积极的内容营销和推广，您可以吸引更多的粉丝并提高您的知名度。

创造收益：通过自媒体平台，您可以创造收益并实现商业价值。例如，您可以通过广告、赞助、付费内容等方式来获得收益。

威胁（Threats）：

竞争激烈：自媒体博主领域的竞争非常激烈，通常需要提供独特和高质量的内容才能脱颖而出。您需要通过不断改进内容质量和创新能力来应对竞争。

法规和政策：自媒体领域的法规和政策可能会发生变化，这会影响您的业务。您需要密切关注这些变化并遵守相关法规和政策。

综上所述，您可以利用专业知识和教学经验、社交媒体影响力及创造高质量内容来扩大影响力。同时，您需要应对竞争激烈和法规政策变化的威胁。

## 1.3 目标受众分析——如何生成IP可行性报告？

市场分析结束后,我们需要进一步分析目标受众,主要从以下6个维度进行分析,如图1-4所示。

图1-4 目标受众的6个维度

**维度一:年龄**。年龄代表着消费能力、付费意识。例如目标受众是70岁以上的老人,就要考虑老年群体是否会上网、他们的付费意识如何,等等。

**维度二:性别**。目标受众究竟是以男性为主导还是以女性为主导?或男女双方均有?若以男性为主导就要输出相对理性的内容,若以女性为主导就要输出相对感性的内容,男性、女性都有就要兼顾理性和感性。

**维度三:教育水平**。从理论上来说,教育水平越高,越追求知识增量,对个人成长的内容也就越感兴趣;教育水平越低,越容易对娱乐性内容感兴趣。

**维度四:职业和行业**。职业一般指个人所从事的具体工作类型或岗位,行业则指一些相互关联的企业或组织从事的经济活动。职业一般泛指个人,而行业一般泛指企业或组织所在的领域。不同的职业或行业在IP打造时所注意的问题不同,比如心理行业的心理咨询师职业更倾向于通过感性的话术打造IP,而IT行业的计算机编程职业则更需要用专业的数据、严谨的教学来打造IP。

**维度五：地理位置**。地理位置大概可分成4个板块：南、北、东、西。按照往年知识付费博主的发展路径来看，南方城市用户对于知识付费的认知度更高。不同的地理位置会对打造IP、IP认可度、IP变现带来不同的影响。

**维度六：需求**。需求也可以简单理解为可实操、可落地、可见到成果。我们打造的IP账号能否实现产品落地？如果能，是以付费的形式还是以免费的形式？如果想要达到用户的期望值，我们需要付出多少精力？付出与回报能否成正比或回报远大于付出？这些都是我们需要考虑的问题。

除了以上6个维度，还需要从感性的角度考虑用户的消费习惯、用户的社交因素及用户的忠诚度等问题。

接下来，通过文心一言生成IP可行性报告。

---

**对文心一言输入：**

请针对以上6个维度帮我生成一份IP可行性报告，且该IP可行性报告需要包括以下3个关键因子的分析。

因子一：教育博主的重点针对人群是高一年级到高三年级的学生家长。

因子二：后期会打造知识付费产品。

因子三：重点分析IP的变现能力。

---

**文心一言输出：**

IP可行性报告如下。

一、目标与定位

1.1　目标

本IP旨在通过教育博主的方式，为高一年级至高三年级的学生家长提供专业、实用的教育知识和方法。通过提供差异化的学习技巧和策略，帮助学生在学业上取得更好的成绩和发展。同时，将打造知识付费产品，并提供更深入、个性化的教育咨询服务。

1.2　定位

本IP的定位是为高一到高三的学生家长提供全方位的教育支持和解决方

案。通过博主的专业知识和经验,以及总结的学习方法和技巧,帮助学生提高学习效率,实现教育目标。

## 二、市场分析

### 2.1 市场规模

根据相关教育市场研究报告,我国K12教育市场的用户规模庞大,其中高一到高三的学生数量约有2500万人。考虑到家长对子女教育的关注度和教育信息的需求,本IP具有较大的潜在市场空间。

### 2.2 目标市场特点

本IP的目标市场主要是高一年级到高三年级的学生家长,他们对有助于孩子学业发展的事物有着强烈的关注度和需求。在教育观念和方法上,他们注重实用性和有效性,希望获得更多高质量的教育资源和信息。

### 2.3 竞品分析

目前市场上已有不少教育博主和相关机构,但大多数仅提供基础的教育信息和方法。本IP将通过提供更深入、更个性化的学习方法和技巧,以及有针对性的知识付费产品,来满足目标市场的特定需求。

## 三、IP变现能力分析

### 3.1 知识付费产品

本IP将通过打造知识付费产品,提供更深入、更个性化的教育咨询服务。根据目标市场的需求,可以设计不同类型的知识付费产品,如定制的学习计划、专业的学业规划、心理咨询等。考虑到目标市场的购买力水平和实际需求,知识付费产品的定价可适当调整。

### 3.2 广告合作与品牌授权

在扩大IP影响力的同时,本IP可以考虑与相关教育机构、品牌进行合作。通过广告合作和品牌授权的方式,增加IP的曝光度和收益。同时,可以为合作方提供精准的营销推广和品牌形象塑造服务。

### 3.3 会员订阅服务

为了提供更稳定、持续的服务,本IP可以设立会员订阅制度。通过提供更多专属的、高质量的教育资源和咨询服务,吸引更多的用户成为会员。在会员制度的设置上,可以考虑设立不同级别的会员,同时提供更多层次的福利和服务。

四、SWOT分析

4.1 优势（Strengths）

本IP具有丰富的教育行业经验和高水平的专业知识，可以提供实用、高效的学习方法和技巧。同时，有成功帮助学生提升学习成绩的案例和经验。作为教育博主，可以利用社交媒体平台快速扩大影响力并吸引关注者。

4.2 劣势（Weaknesses）

本IP在自媒体领域的知名度尚待提高，需要加强推广和品牌建设。同时，需要不断更新和优化学习方法和技巧，以满足不同学生的需求。考虑到知识付费产品的特性，需要不断提升服务质量和用户满意度。

4.3 机会（Opportunities）

随着家长对孩子教育的重视程度的不断提高，他们对于高质量教育信息和咨询的需求也在增加。本IP可以通过提供差异化的学习方法和技巧，以及有针对性的知识付费产品来满足市场需求。同时，可以积极寻求与其他教育机构、品牌合作，实现共赢。

4.4 威胁（Threats）

市场竞争激烈，需要不断提高IP的品质和服务水平，以保持竞争优势。同时，需要关注政策法规的变化，确保IP内容的合法性和合规性。在设计知识付费产品时，需提防潜在的知识产权风险并注重保护用户隐私。

通过上面的6个维度及补充的关键因子，我们可以在理论上分析出不同行业及不同博主的IP可行性报告。需要说明的是，AI生成的IP可行性分析报告只能起到辅助作用，博主需要在此基础上进行更精准的分析。

## 1.4 标签记忆法——量身打造人设标签，让读者过目难忘

关注刘丙润，写作不挨割。加入我，掌握自媒体变现诀窍，大家点赞支持，共同壮大！

刘丙润为您解锁写作新境界，自媒体变现秘籍等您来领取，点赞助

力共创辉煌！

写作得心应手，自媒体变现轻松。跟随刘丙润，共赢未来，点赞支持！

刘丙润带您探索写作的奥秘，掌握自媒体变现的秘诀。点赞关注，我们一起前行！

上面4句话是我的个人标签。打造标签是创作者走向IP的重要一步，标签的最大优势在于令读者过目难忘，很容易带来关注量，继而获得成交额。标签意味着特色，有特色就能够区别于其他的IP。

因此，我总结了一种很实用的方法——标签记忆法，一共分为5种方式，如图1-5所示。

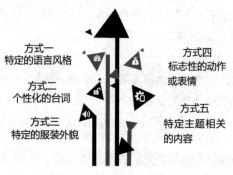

图1-5 标签记忆法

**方式一：特定的语言风格。**一般以当地特色口音为主，按照我往年做新媒体的经验来看，川蜀地区、河南地区、天津唐山地区、东北地区等地方口音最具特色，更具有吸引力和语言魅力。如果创作者来自这些地区，那么使用家乡话和普通话结合的方式进行视频内容创作，往往会有不错的效果。

**方式二：个性化的台词。**在文章、视频或直播的过程中，持续输出一些特殊的台词或口头禅，会让观众逐渐主动把创作者和IP联系起来。例如，有一个博主创作的每一条内容都有"话糙理不糙，跟着卢总不挨刀"这句台词，观众在观看该博主创作的内容时，很容易与博主的IP关联起来。

**方式三：特定的服装外貌**。一些博主是凭借出众的穿搭一炮而红的。特殊的发色或配饰，以及上衣或下衣的特殊搭配，都可以给观众留下深刻的印象。

**方式四：标志性的动作或表情**。在视频内容创作的过程中，如果搭配一些特有的微表情或动作，效果会更好。

**方式五：特定主题相关的内容**。特定主题通常会选择有创意、有特色的题材，这往往会给观众留下深刻的印象。

创作者可以结合上述5种方式，借助人工智能技术打造属于自己的专属标签。那么，如何通过人工智能技术输出个性化台词及特定主题相关内容呢？

在输出内容之前，假定信息如下。

假定信息1：我是一位知识IP博主，主攻方向为写作变现。

假定信息2：在过去的9年里，我一直教大家如何通过写作来获取收益。

假定信息3：我有专属的写作付费课程，购买对应的课程能够获得超值的学习体验。

假定信息4：每天输出两篇新媒体写作变现文章、三条写作变现视频，以及一场写作变现直播课。

> **对文心一言输入：**
> 　　请针对上述信息帮我设计五句口头禅，要求每条最少7个字，但不能超过50字。

> **文心一言输出：**
> 　　1. 写作变现不用愁，博主教你解忧愁。

2. 写作收益多多赚，付费课程来相伴。
3. 捧场购买有体验，知识IP不停歇。
4. 新媒体文两篇在，变现视频三条来。
5. 直播课程等你看，写作变现不再难。

我们把相同的信息输入讯飞星火认知大模型和ChatGPT中。

**讯飞星火认知大模型输出：**
1. 写作变现，我专业，9年经验，助你成才。
2. 付费课程，超值体验，粉丝捧场，共创辉煌。
3. 两篇文章，三条视频，一场直播，持续输出。
4. 写作变现，跟着我学，轻松赚钱，不再迷茫。
5. 知识IP博主，带你飞，写作变现，一起成长。

**ChatGPT输出：**
1. 写作有妙招，赚钱有诀窍。
2. 知识IP，写作赚钱秘籍，追随我。
3. 课程独家，学习更有价值，快来参与。
4. 每日两文三影，写作创造收益。
5. 写作直播，赚钱路上的导师，一同前行。

针对人工智能大模型输出的口头禅，我们可以多次调试，继续输入"内容更有趣一些""可读性更高一些"或者"必须有写作变现4个字"等。

**继续对文心一言输入：**
请针对上述信息帮我假定创作方向并制定连续三天的创作内容。
要求每日更新两篇文章、三条视频和一场直播。

**文心一言输出：**
假定创作方向为"写作变现"，以下是连续三天的创作内容安排。

周一

文章1：写作赚钱的7个实用技巧

文章2：如何选择适合你的写作变现平台

视频1：写作赚钱秘诀分享：找准你的写作价值

视频2：新媒体写作赚钱攻略

视频3：写作变现平台推荐及使用技巧

直播：写作变现课程的介绍与问答

周二：

文章1：打造吸引读者的优质写作风格

文章2：如何建立个人写作品牌

视频1：写作风格与个人品牌塑造

视频2：如何吸引更多读者与粉丝

视频3：个人写作品牌案例分享

直播：写作风格与个人品牌建设策略分享

周三：

文章1：写作变现的常见误区与解决方法

文章2：如何选择适合的写作主题

视频1：避免写作误区，提升写作效率

视频2：寻找适合的写作灵感与主题

视频3：写作主题选择技巧与案例分享

直播：写作误区与主题选择的讨论

特别说明：讯飞星火认知大模型和ChatGPT的输出内容类似，不再展示。在接下来的章节中，我会选择一款输出内容更好的人工智能工具进行调试，调试生成结果会略有差异，但调试模板是通用的。

## 1.5 互联网IP解析：我们应该成为怎样的IP？

接下来分享3个互联网IP成功的案例，假定其中的人物为新媒体创作者A、B和C。

新媒体创作者A虽然18岁中专毕业之后便去工厂打工，但他后来抓住了电商红利，又去做新媒体，写了很多优质文章。从2020—2023年，短短4年便成为现象级IP。无论是公众号，还是今日头条、百家号、B站，他的黏性粉丝量非常可观。

新媒体创作者B抓住了今日头条付费专栏的风口，其定价499元的写作变现专栏卖出千余份。随后，他创建了自己的专属MCN（多频道网络）矩阵，其中头条职场矩阵更是常年"霸榜"。之后他转战到视频号和小红书变现领域，拥有国内非常知名的小红书训练营。

新媒体创作者C抓住了今日头条青云计划的风口，创作出许多优质的文章。2021年，他开始出书做训练营，2022年组建工作室，一年后打造的付费训练营，在国内拥有极好的口碑，成了写作变现领域的知名博主。

以上3位新媒体创作者都是普通人，他们通过扎根于某一领域并持续深挖而获得成功。那么，创作者应该成为怎样的IP呢？应该朝着哪些方向发展呢？

对于创作者应该成为怎样的IP，我的建议是成为"四有"IP，如图1-6所示。

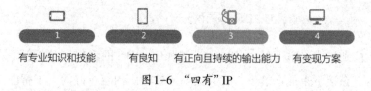

图1-6 "四有"IP

有专业知识和技能是打造IP的第一步；有良知则是在这条路上能够走多远的基础；有正向且持续的输出能力则涉及粉丝黏性，以及粉丝对创作者的认可度；有变现方案则意味着打造IP这件事的成功概率。

根据我的从业经验，总结了以下IP发展的8个要素，如图1-7所示。

图1-7 IP发展的8个要素

**要素1，深耕专业领域。**想要打造IP，专业性永远都是第一位的。在自己的专业领域持续深挖，不断地为读者提供独特、专业的知识和见解。

**要素2，内容形式多样化。**如果创作者只局限于持续输出某一种形式的内容，例如只写文章或只做视频，这是绝对不可以的。打造IP必须是立体的、全方位的，不应该局限于文章，还应该包括视频、直播及私域运营等。

**要素3，持续学习。**知识是不断更新的，例如新媒体写作，往往随着平台、政策、某些教学方式的更新而不断迭代。因此，创作者的产品也需要不断迭代，这就意味着在输出内容的过程中，创作者也要不断学习、精进。

**要素4，品牌一致性。**打造个人IP时，要保证输出内容的一致性。如果你今天讲写作，明天讲美食，后天又讲美妆……这样的IP很难让用户信服。

**要素5，做好互动和私域建设。**回答粉丝的问题是很好的互动方式，博主需要把握尺度，在保证不耗费太多精力的同时，维护好评论区，打造私域社群。

**要素6，开发付费产品。**创作者付出精力和时间做出的优质产品，可以作为付费产品。

**要素7，自我营销。**如今这个时代，酒香也怕巷子深。如果我们不会利用社交媒体和各种产品进行宣传，就可能无法吸引粉丝的关注或导致粉丝流失。

**要素8，做好数据分析**。时刻关注数据，例如涨粉率、文章或视频的跳出率等，以便于后期输出更优质的内容。

做好以上8个要素之后，离打造好的IP又近了一步。

## 第 2 章
# IP 艺名——
# 商业化 & 版权要抓稳

这一章涉及的问题都是我从业以来的所见、所得、所感、所悟，现在将它们列出来进行详细讲解。

> **温馨提醒**
>
> 经测试，文心一言输出的四字艺名既有利于商标注册，也有利于进行个性化标签设计，因此本章统一采用文心一言进行内容调试。

## 2.1 艺名五要素，好记好听还好用

想做自媒体，如何取一个好听的艺名呢？只需要把握以下5个要素，如图 2-1 所示。

图 2-1 取艺名的 5 个要素

要素1，可检索性。创作者要确保自己的艺名容易被搜索到，需要遵循以下3点。

（1）原则上艺名不要超过5个字，字越多被检索到的概率越低。

（2）艺名中不要有复杂字、错别字或易混字。比如最好不要出现"魑魅魍魉""饕餮"这类词。

（3）艺名要朗朗上口，在阅读的过程中不会使人产生阅读障碍。

要素2，独特性。在众多内容创作者中，你的艺名一定要具备脱颖而出的潜力，要和其他人的艺名有所区分。

要素3，易记性。在取艺名的过程中，不要使用拗口的字、词、句，简洁而独特的名字更容易让人记住。

要素4，与领域贴切。如果确定要做某一产品或某一内容，艺名能和该产品或内容相贴切则效果更好。

要素5，方便注册。当创作者起了一个好听的艺名且获得了粉丝的认可，拥有足够多的受众之后，就要考虑把艺名注册成商标，避免被别人占用。但是在注册商标的过程中会存在很多问题，我会在下一节详细讲解。

## 2.2 商标注册有方法，我该如何保护艺名？

如果想在自媒体这条路上获得长远的发展，注册个人商标是必不可少的。分享一个案例，如图2-2所示。

这位作者在自媒体这条路上可谓顺风顺水，巅峰时期的月收入能达到5万元以上，直到面临被迫改名。因为一家公司用他的艺名注册了商标，然后告他侵权。对于新媒体内容创作者而言，换名字无异于灭顶之灾。

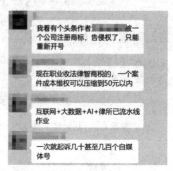

图2-2 注册商标的重要性

自媒体博主辛辛苦苦运营的账号，做起来之后却被其他企业注册商标，然后注册商标的企业要求与他们利润分成，或者让自媒体博主用高价买下本属于自己的账号。这种情况屡见不鲜，很多自媒体博主也只能有苦难言。

对于自媒体人来说，懂得保护自己的艺名十分重要。想要保护自己的艺名，且不被某些企业恶意索赔追责，应该怎么做呢？

最简单直接的办法就是完成商标注册，但是注册商标有几个注意事项，如图2-3所示。

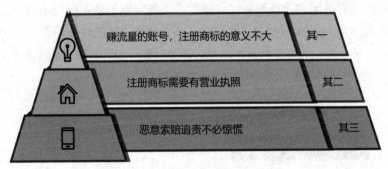

图2-3　注册商标的注意事项

其一，对于单纯想要赚流量的创作者来说，注册商标的意义不大。因为注册商标需要花费一定的资金，且时间较长。而且注册商标也有失败的风险，这就意味着如果我们只想赚流量，并不想做成大IP，那么注册商标的意义不大。

其二，注册商标需要有营业执照。如果想要注册商标，就需要根据相关要求获取营业执照，之后完成商标注册，其间也会花费一定的成本。注册商标一定要考虑性价比，在月收入不能突破3万元、年收入不能突破20万元的情况下，不建议注册自媒体商标。

其三，如果遇到恶意索赔追责的情况，也没有必要太过慌张，可以先与对方进行协商。如果协商不成，再考虑换个名字。

不过，如果有做IP的打算，且已经有了一定的知名度，则必须考虑注册商标。商标意识能够帮助我们少走很多弯路,尤其是做知识付费的IP博主,艺名的改变与否将直接关系到变现能力。

其实注册商标的流程比较简单。我们打开中国商标网,在该网站申请即可,具体操作步骤如下。

打开中国商标网,单击"商标网上申请"按钮,在弹出的页面中单击"网上申请用户登录"按钮,如图2-4所示。在弹出的新页面中浏览相关协议后,单击"我接受"按钮,如图2-5所示。此时会出现一个新页面,其中可以选择PIN码登录或电子营业执照登录,如图2-6所示。

如果有电子营业执照,进入微信或支付宝电子营业执照小程序,点击小程序左上方的"扫一扫",在输入相应信息后扫码登录。

但如果在扫码登录的过程中显示错误信息,则需要用PIN码登录,如图2-7所示。

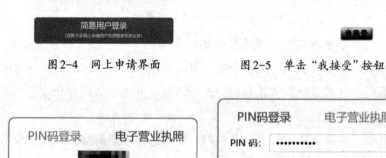

图2-4 网上申请界面　　　　图2-5 单击"我接受"按钮

图2-6 选择登录方式页面　　图2-7 PIN码登录页面

使用PIN码登录前,需要在该页面下载插件。在该页面单击"数字证书驱动下载",如图2-8所示。下载"证书助手"和"证书助手使用指南",如图2-9所示。下载并安装证书助手后,按照流程登录。

登录之后,先单击"证书签发"(见图2-10),然后设置PIN码,接着输入PIN码。

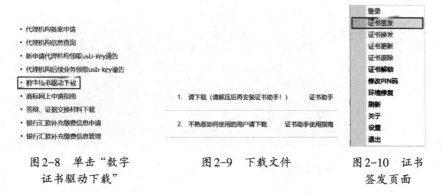

图2-8 单击"数字证书驱动下载"　　图2-9 下载文件　　图2-10 证书签发页面

如果是第一次注册,则需要输入完整的信息,按照对应的流程进行操作,登录商标网的主界面。

在主界面上选择左侧的"商标注册申请",然后按操作步骤填写信息,如图2-11所示。

图2-11 商标网主界面

下面重点讲解"数据填写"中"商品"选项卡的"类别",如图2-12所示。选中"类别"会发现,一共有45类,如图2-13所示。申请商标时,是按类别及类别中选中的内容进行收费的,根据需要选择即可。如果选择类别过多,不仅花费资金较多,而且大概率会申请失败。

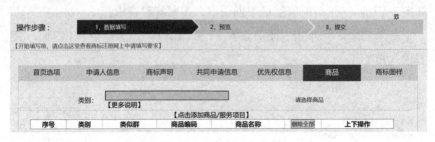

图 2-12 "商品"选项卡

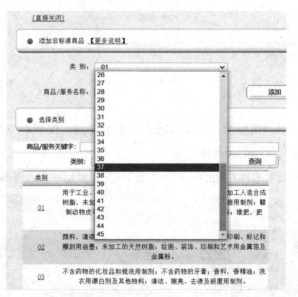

图 2-13 "类别"有 45 类

在选择商品类别时,建议传统的新媒体内容创作者选择 35(广告等)、38(电信服务)、41(教育、娱乐等)这 3 类;如果有周边产品售卖,也可以增加 25(服装等)和 30(食品等)。"类别"具体内容局部展示如图 2-14 所示。

| | | |
|---|---|---|
| 31 | 未加工的农业、水产养殖业、园艺、林业产品;未加工的谷物和种子;新鲜水果和蔬菜;新鲜芳香草本植物;草木和花卉;种植用球茎、幼苗和种子;活动物;动物的饮食;麦芽。 | |
| 32 | 啤酒;无酒精饮料;矿泉水和汽水;水果饮料和果汁;糖浆及其他用于制作无酒精饮料的制剂。 | |
| 33 | 酒精饮料(啤酒除外);制饮料用酒精制剂。 | |
| 34 | 烟草和烟草代用品;香烟和雪茄;电子烟和吸烟者用口腔雾化器;烟具;火柴。 | |
| 35 | 广告;商业经营、组织和管理;办公事务。 | |
| 36 | 金融、货币和银行服务;保险服务;不动产事务。 | |
| 37 | 建筑服务;安装和修理服务;采矿、石油和天然气钻探。 | |
| 38 | 电信服务。 | |
| 39 | 运输;商品包装和贮藏;旅行安排。 | |
| 40 | 材料处理;废物和垃圾的回收利用;空气净化和水处理;印刷服务;食物和饮料的防腐处理。 | |
| 41 | 教育;提供培训;娱乐;文体活动。 | |

图2-14 "类别"具体内容局部展示

## 2.3 AI七步法——取艺名,只需7步

对于内容创作者来说,取艺名并非易事。我总结了AI七步法,通过AI取名字,只需要7个步骤,如图2-15所示。

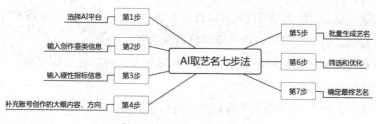

图2-15 AI取艺名的七步法

第1步,选择AI平台。我推荐使用文心一言、ChatGPT和讯飞星火认知大模型。

第2步,输入创作垂类信息。这里的垂类信息一般指垂直领域的信息,比如职场、历史、健康、体育、美食等信息。如果选择美食领域,则需要对该领域做图文、视频或直播等相关内容的创作。

第3步,输入硬性指标信息。例如,艺名的长短、固定使用某些字词、艺名与所选领域的关联、部分词汇的取舍等。以我取艺名为例,我输入

人工智能大模型的硬性指标信息为必须以"刘"字为开头,同时艺名的字数不能多于5个。

第4步,补充账号创作的大概内容、方向。这里补充的部分包括但不限于账号创作风格、创作者的喜好、图文或视频内容的特点等,并对人工智能大模型做信息投喂。例如,该账号主要创作领域为美食领域,在拍摄视频的过程中要重点突出美食的制作工艺,以及烹饪后品尝到美食时开心的心情。补充账号创作的大概内容、方向后,再要求人工智能大模型输出艺名,这样更贴近账号的创作方向。

第5步,批量生成艺名。这有利于个人调试。创作者可以先要求人工智能大模型一次生成5~10个风格各异的艺名,然后从中挑选出2~3个比较满意的。

第6步,筛选和优化。再次提出核心诉求和理念,要求人工智能大模型挑选出最优艺名及备选艺名。

第7步,确定最终艺名。我们按照前6步筛选出了最优艺名,然后在各大自媒体平台检索该艺名是否已经被其他自媒体博主注册。如果没有被注册,那么直接选择最优艺名即可;如果已经被注册,只能退而求其次,选择备选艺名,也可以按以上步骤重新取艺名。

确定最终艺名之后,在条件允许的情况下,可以去中国商标网注册商标,以保护艺名。

根据上述AI七步法的关键信息进行信息投喂。

---

**对文心一言输入:**

帮我起一个艺名,要求字数不能多于5个,且以我的姓氏"刘"为开头。

该艺名用于我的美食博主账号,我会通过图文或视频的方式讲解美食的制作流程。

账号的创作风格以搞笑为主,但也要体现出美食制作的不易。

按照上述标准,帮我一次性生成5个艺名。

---

**文心一言输出:**

1. 刘味探索

2. 刘氏厨趣
3. 搞笑刘厨
4. 食尚刘客
5. 美食刘话

**对文心一言继续提问：**

请对你生成的艺名做分析，从中挑选出你认为最好的，并给出理由。

**文心一言输出：**

我对这些艺名进行了分析，每个艺名都有其独特的含义和特点：

1. "刘味探索"：这个艺名以"刘"字开头，强调了探索美食的味道和烹饪技术的主题，能够引起人们对美食的好奇心和兴趣。

2. "刘氏厨趣"：这个艺名将"刘"与"厨趣"结合，意味着在厨房中创造乐趣。它表达了烹饪的乐趣，可以吸引那些对厨艺感兴趣的人。

3. "搞笑刘厨"：这个艺名暗示了创作者在烹饪过程中加入幽默和搞笑元素，可以吸引那些喜欢幽默氛围和美食的人。

4. "食尚刘客"：这个艺名将"食尚"和"刘"结合起来，表示在时尚的食品领域中，"刘"是重要的参与者。这个艺名给人一种高端和时尚的感觉，可以吸引那些对美食和时尚感兴趣的人。

5. "美食刘话"：这个艺名表达了创作者通过分享美食制作经验，达到与观众交流的目的。

在这5个艺名中，我认为"搞笑刘厨"是最好的。这个艺名简单易记，具有较好的口头传播性。它也暗示着创作者在美食制作过程中加入幽默和搞笑元素，可以为观众带来更多的乐趣和娱乐感。

## 2.4 如何把艺名标签化？6个要点请记牢

新媒体内容创作者如何把艺名标签化，从而保证该艺名具有很好的市场辨识度呢？我总结了6个要点，如图2-16所示。

图 2-16 艺名标签化的 6 个要点

**要点 1，保持各平台艺名的一致性。** 在创作内容时，各平台艺名保持一致时，其最大的优势在于可以轻松打造 IP，实现个人 IP 标签化。无论在哪一个平台，只要看到这位博主的艺名，就能了解账号的大概内容。而内容多平台分发，在没有和平台签订独家合约之前，不用过于担心平台限流问题。

**要点 2，艺名与内容定位贴合。** 比如我想做美食领域，那艺名可以叫"刘丙润讲美食"；我想做健身领域，艺名可以叫"刘丙润讲健身"……当艺名和领域巧妙地结合在一起的时候，IP 博主就很容易起量。起量不是因为名字，而是因为艺名后面的标签（如教育、美食、健身等）在起量，创作者需要借助相关领域、垂类群体等提高粉丝黏性和粉丝关注率。

**要点 3，保证艺名的独特性。** 艺名应该在保证具有吸引力的前提下，尽可能地提升其独特性，让观众看过就能记得住。比如宠物博主艺名为"一只钝钝""大圆子""PuPu噗噗"等就很有特点。

**要点 4，艺名与内容联动。** 我的短视频在结束时总会加上一句："关注刘丙润，带你了解自媒体的那些事。"其中"关注刘丙润"就是艺名和内容的有效联动，这种联动之下，读者就会很自然地把艺名和持续输出的内容关联在一起。如果观众对视频内容感兴趣，会进而观看对应艺名的其他内容,从而提高IP的知名度。

  **要点5,持续互动和回应**。无论创作者的粉丝增量达到怎样的级别、账号有多少黏性粉丝、后台私信如何……一定要记住,一旦有粉丝在评论区互动,适当地挑选几个有代表性的问题给予解答,能够让读者意识到自己的提问是有价值的,同时读者也因为收获自己喜欢博主的回应,会更积极地在评论区进行友好互动,这一行为又会进一步刺激平台对该内容的持续推荐,实现双向互利。

  **要点6,持续打造品牌故事**。在进行图文、视频或直播内容创作时,可以适当地给受众讲一讲自己的作品及作品背后的故事。当我们持续去讲品牌故事,而这个品牌故事又有趣味性和吸引力的时候,就已经实现了艺名标签化了。

# 第3章
# IP 内容创作——
# 5个经典的内容创作模板

> 创作者需要创作怎样的内容才能让用户买单？本章介绍5个内容创作模板，帮助创作者轻松塑造IP。
>
> **┤温馨提醒├**
>
> 在流量文调试过程中，讯飞星火认知大模型对故事的逻辑构造能力要略高于文心一言和ChatGPT。为了保证本章内容调试的连续性，我们统一用讯飞星火认知大模型做内容调试。

## 3.1 故事情节模板

当创作者进行IP内容创作时，如果能够找到与IP相符的故事，并把对应故事展示出来，以此引导读者，引发共鸣，能够带来非常不错的效果。

有如下3个故事。

故事1：如何通过个人努力考上985高校且顺利毕业？

故事2：如何通过个人努力成为一家企业创始人，并且使企业年销售额达500万元？

故事3：如何通过个人努力，让一位字写得歪歪扭扭的小朋友学会写一手漂亮的楷体字？

假如我的IP是书法老师，当进行IP内容创作的时候，哪一个故事更合适呢？很明显，故事3是最合适的。讲故事的主要目的是输出IP价值，而不是讲无关紧要的事。所以这就要求创作者在使用故事情节模板之前，先弄清其中的逻辑关系。

以故事3为模板，假定信息如下。

【情景假设】我是一位书法公司老板，公司有5位优秀员工。作为老板，我在2017年到2021年曾深入一线教培机构，专攻孩子的书法问题。2021年成立公司，并且在书法行业中小有名气。公司的书法教学是有体系、可复制的，学生年龄在8岁到21岁之间。按照这套教学模板来操作，能保证学生的书法水平在3个月内大有长进，一年时间就能让学生写一手漂亮的楷体字。

搭建故事情节模板：

> 引入（情景介绍、主人公目标）+发展（引发冲突或紧张）+
> 解决（解决问题、揭示结局）

对故事情节模板中的部分信息做补充讲解：

◇ 引入是指在开篇向读者介绍整件事情的背景，这里的事情以IP为导向，让读者了解故事发生的环境、这中间出现的主要人物、要达成的目标愿景和要解决的问题。

◇ 发展是指在文章中间部分要引起冲突、引出问题，以此来引导读者持续阅读。

◇ 解决则是最终的解决方案，可以讲解主角是如何克服困难实现目标的，也可以讲解主角在遇到问题后是如何反思和醒悟的。由此给予读者启发。

我们把上述故事3的假定信息填充到故事情节模板中：

引入：2017年在教培机构工作，2021年成立了一家书法公司，公司有5名员工，主要负责书法教学。

发展：成立公司之初，公司并没有规范书法培训课程，导致培训效果不佳。2021年底进行了一次改革，规范了学生书法培训教程。

解决：在3个月内学生的书法水平明显提高，一年时间学生就能写一手漂亮的楷体字。

**对讯飞星火认知大模型输入：**

根据上述假定信息，生成一篇通过故事情节模板构造的具备个人IP价值的文章。

**讯飞星火认知大模型输出：**

2017年，我在一家教培公司工作，负责教授学生书法。随着时间的推移，我发现传统的教学方法已经不能满足学生的需求，于是我决定成立一家自己的书法培训机构，为更多的学生提供更优质的教育资源。

2021年，我终于实现了这个梦想，成立了一家有5名员工的书法培训机构。然而，刚开始的时候，我们并没有规范书法培训课程，员工与员工之间的信息无法统一，导致培训效果不佳。这让我深感焦虑，因为我知道，如果不能解决这个问题，我的培训机构将无法长久地发展下去。

经过一段时间的思考和尝试后，我终于找到了解决问题的方法。2021年底，我们对公司的教学模式进行了一次改革，规范了书法培训教程。这次改革让我们的教学更加系统化、科学化，也让员工之间的信息传递变得更加顺畅。

事实证明，这次改革是非常成功的。在短短3个月内，学生的书法水平就有了明显的提高。而在一年的时间里，他们甚至能够写一手漂亮的楷体字。这让我深感欣慰，也让我更加坚信自己的选择是正确的。

如今，我的书法培训机构已经在市场上崭露头角，越来越多的学生和家长对我们的教学质量给予了极高评价。在这个过程中，我收获了许多宝贵的经验。我相信，只要不断努力，我们的教育理念和教学方法一定能够影响更多的人，让更多的学生受益于书法艺术的魅力。

讯飞星火认知大模型生成的这篇文章从逻辑上讲没有问题，但是内容过于规范化、格式化，缺少趣味性，所以需要进一步调试。

**对讯飞星火认知大模型输入：**
把刚才生成的文章重新修改，要求具备趣味性和可读性。
这篇文章的主要作用是：介绍书法培训公司并引导用户下单，要在文章结尾添加对应话术。

**讯飞星火认知大模型输出：**
大家好，我想跟大家分享一家很棒的书法培训机构。我在那里学习过，真的受益匪浅。

这家机构有5名员工，他们主要负责教授学生书法。但是刚开始的时候，他们的教学方法不够规范，导致培训效果不佳。在2021年底，他们进行了一次改革，规范了书法培训教程。

这次改革真的很成功，学生们在短短3个月内就取得了明显的进步。而在一年的时间里，他们甚至能够写一手漂亮的楷体字！这让我更加信任这家机构。

现在，这家书法培训机构在市场上越来越受欢迎。越来越多的学生和家长都对其教学质量给予了极高评价。如果你也想学习书法，不妨考虑一下这家机构吧！相信你一定会有所收获。

最后，我想跟大家分享一下这家机构的联系方式：电话是×××-××××××××，微信号是××××××××××。如果你有兴趣，可以联系他们，了解更多详情哦！

创作者可以反复调试，直到生成满意的文章，最后也可以人工润色文章，从而创作出足够优秀的内容。

## 3.2 问题解答模板

沿用上一节的故事：如何通过个人努力，让一位字写得歪歪扭扭的小朋友学会写一手漂亮的楷体字？

接下来搭建问题解答模板。

模板一，问题解决方案。

> 引入问题+深入分析问题+解决方案+总结和呼吁行动

模板二，挑战解决方案。

> 迎接挑战+情景描述+提供解决方案+方案的可复制性讲解

模板三，根本原因解决方案。

> 引入问题+反向剖析问题+提出问题的根本原因+解决方案+
> 解决方案的实际应用+呼吁行动

假定关键信息如下。

在培训班成立后的3年内，先后帮助500位小朋友改善或提升书法水平。比如某位小朋友的字写得歪歪扭扭，进入我们的培训班后，从最基础的握笔学起，只用了不到6个月，就能写一手工整的楷体字。

我们以模板一为例，对部分信息做补充：

引入问题：王同学身为小学二年级的学生，字写得很差。

深入分析问题：他从幼儿园到小学阶段没有接触过系统的书法培训，父母也疏于教育。

解决方案：采用口诀培训法来解决王同学写字差的问题，具体如下：口诀培训法+导师一对一辅导+家长监督+老师反馈。

总结和呼吁行动：童年时期养成的习惯会伴随孩子的一生，写字问题绝不可轻视。让孩子接受更好的教育。

---

**对讯飞星火认知大模型输入：**

请针对上述指令调试，生成一份符合问题解答模板的具备个人IP属性的文章。

**讯飞星火认知大模型输出：**

标题：小学生写字差？试试这份完整的练习方案！

导语：童年时期养成的习惯会伴随孩子的一生，写字问题绝不可轻视。本文将为小学二年级的王同学提供一个完善的练习方案，帮助他改善写字差的问题。

一、问题分析

王同学从幼儿园到小学阶段没有接触过系统的书法培训，父母也疏于教育。这导致他的写字能力较弱，有字形不规范、笔画顺序混乱等问题。为了帮助他提高写字水平，我们需要制订一个有针对性的练习方案。

二、解决方案

1. 口诀培训法

我们可以通过口诀让王同学记住正确的笔画顺序和字形结构。

2. 导师一对一辅导

为了让王同学更好地掌握笔画顺序和字形结构，我们为他安排一位专业的书法老师进行一对一辅导。在辅导过程中，老师可以根据王同学的实际情况，给予具体的指导和建议。

3. 家长监督

家长是孩子成长过程中最重要的陪伴者，他们可以在日常生活中关注王同学的写字练习，并对他的练习成果进行监督和鼓励。同时，家长也可以在家中为王同学创造一个良好的学习环境，提供足够的练习材料和工具。

4. 老师反馈

老师可以在课堂上对王同学进行点评和指导，指出他在书写过程中存在的问题，并提出改进的意见。此外，老师还可以定期组织书法比赛或展览，让王同学在实践中不断提高自己的书写水平。

三、总结

很多童年养成的习惯会伴随孩子的一生，写字问题绝不可轻视。通过口诀培训法，以及结合导师一对一辅导、家长监督和老师反馈等方法，可以帮助王同学逐步改善写字差的问题，培养良好的书写习惯。希望这份练习方案能对其他有类似问题的孩子和家长有所帮助。

问题解答模板侧重于直接提出问题,然后给予解答,实用性较强。所以,尽管以这种模板输出的文章趣味性不强,但粉丝增长率相对可观。

使用问题解答模板时一定要考虑问题的覆盖面,即可以思考:我们讲的究竟是一个大问题还是小问题?如果是小问题,能否放大?

举一个简单的例子,"小学三年级的小刘同学书法很差,如何经过系统培训让他写出一手漂亮的字?"这是一个小问题。与其这样写,倒不如把话题面放大,将问题改成"如何让中小学生练好书法,写出一手漂亮字?"问题解答模板的核心不在于解答,而在于问题。提出一个覆盖面大的好问题,可以提升可读性和趣味性。

因篇幅有限,我们对模板二和模板三只做简单拆解。

模板二在调试时,先把要挑战的问题提出来,即中小学生存在部分书写偏差的情况。情景描述与模板一中的引入问题相似,然后提供解决方案及讲解该方案的可复制性,包括但不限于其他小朋友通过该套解决方案也能够写出漂亮的书法字。

模板三在调试时,与模板一有雷同之处。先引入问题,比如小学二年级的王同学写字很差,然后反向剖析问题所在,我们不从王同学写字差这方面做分析,而是反过来分析为什么其他同学写字好。通过这种反向分析,推理出王同学写字差的根本原因。之后,解决方案、解决方案的实际应用和呼吁行动与模板一相似。

大家可以对这两套模板进行调试,创作出更符合自己IP的优秀内容。

## 3.3 列表式模板

继续沿用3.1节的故事:如何通过个人努力,让一位字写得歪歪扭扭的小朋友学会写一手漂亮的楷体字?

接下来搭建列表式模板。

模板一：

**引入案例一+引入案例二+引入案例三+汇总问题+
提出解决方案+总结**

模板二：

**引出问题+引出同类型的多个问题+对单一问题做详细补充说明+
提出解决方案+总结**

假定关键信息如下。

张同学用3个月学会了基础楷书，王同学用6个月学会了基础楷书，李同学用9个月学会了基础楷书，赵同学用了3年时间在书法造诣上已经小有成就。

我们以模板一为例，对部分信息做补充：

引入案例一：张同学想要提升书法水平，在培训班学习3个月，就学会了基础楷书。

引入案例二：王同学书写基础很差，在培训班学习6个月也学会了基础楷书。

引入案例三：李同学写字歪歪扭扭，经过培训班的培训，用9个月学会了基础楷书。

汇总问题：小的时候书法不过关，等年龄大了，再想练好书法就难了。

提出解决方案：提供口诀+导师辅导+小班课等一系列培训方案。

总结：想要书法好，可以来我们的培训班。

---

**对讯飞星火认知大模型输入：**

请针对上述指令调试，生成一份符合列表式模板的具备个人IP属性的文章。

**讯飞星火认知大模型输出：**

　　书法是中华文化的瑰宝，它不仅是一种艺术形式，而且是一种修身养性的方式。然而，对于许多人来说，尤其是年轻人，书法的学习并不容易。他们可能会遇到各种各样的问题，比如基础薄弱、字迹歪歪扭扭等。但是，只要找到正确的方法，这些问题都可以解决。

　　张同学就是这样一个例子。他想要提升自己的书法水平，于是选择了我们的培训班。经过3个月的努力学习，他已经掌握了基础楷书的技巧。这充分证明，用好的学习方法可以学好书法。

　　王同学的情况和张同学类似，她的书法基础也很差，但是她并没有因此而放弃，而是选择了坚持。在培训班的6个月里，她通过不断学习和练习，也学会了基础楷书。这证明了在我们培训班学习是很有效的。

　　李同学的情况则比较特殊。他的字迹歪歪扭扭，看起来非常不美观。但是，他并没有因此而自卑，而是选择了挑战自我。在培训班的9个月里，通过导师的辅导和小班课的学习方式，他成功地掌握了基础楷书的技巧。

　　总的来说，书法的学习并不是一件容易的事情，但是只要找到正确的方法，就一定能够学好。而且，小的时候书法不过关，等年龄大了，再想练好书法就难了。因此，我们强烈推荐大家来我们的培训班学习书法。我们提供口诀+导师辅导+小班课等一系列的培训方案，一定能够帮助大家提升书法水平。

　　因篇幅有限，我们对模板二做了简单拆解。

　　模板二在调试时，可以先提出一个问题，比如王同学书写很差，同时指出这不是个例，很多学生都有书法差的情况。然后对该情况做详细补充，比如一些学生写字歪歪扭扭、一些学生偏旁部首的书写顺序错误、一些学生写字连基本的对齐都很难做到。在此基础上，有针对性地提出解决方案，接着由此得出结论。

　　利用列表式模板进行内容创作时，挑选的案例一定要具有代表性。

## 3.4 行业趋势分析模板

继续沿用3.1节的故事：如何通过个人努力，让一位字写得歪歪扭扭的小朋友学会写一手漂亮的楷体字？

接下来搭建行业趋势分析模板：

**案例讲解+数据收集+分析原因+专业意见+风险评估**

假定关键信息如下。

如果字写得好，可以给老师留下一个好印象。同时因为字写得好，在语文、英语等科目上也占有优势，还会影响到考试成绩。让孩子学习书法，能够有效地提升孩子的耐心。字写得好，见字如见人，也能够提升孩子的精神面貌。

对部分信息做补充：

案例讲解：举正反两个案例，正面案例——小刘同学字写得漂亮，被老师多次表扬；反面案例——小李同学字写较差，被老师多次提醒注意。

数据收集：数据显示，字写得好与坏，很容易影响文科类的成绩。

分析原因：对两位同学写字的好坏进行分析。

专业意见：孩子小，尽可能地扭转书法不好的劣势，练出一手好字。

风险评估：年轻时花费大量时间提升书法，是很值得的一件事情。

**对讯飞星火认知大模型输入：**

　　请针对上述指令调试，生成一份符合行业趋势分析模板的具备个人IP属性的文章。

**讯飞星火认知大模型输出：**

　　在我们的日常生活中，字迹的美观与否往往会给人留下深刻的印象。在学校里,老师也常常会根据字迹来评价学生的学习态度和认真程度。小刘同学就是其中的一个例子,他的字迹漂亮,得到了老师多次的表扬。而小李同学的字迹则较差,因此被老师多次提醒注意。

然而,字迹的好坏不仅是个人习惯的问题,而且是与学习成绩密切相关的一个因素。相关数据显示,字迹工整的学生在文科类的成绩上往往表现得更好。这是因为,书写清晰、规范的文字能够帮助学生更好地理解和记忆知识点,同时也能让阅卷老师更容易理解学生的思路和观点。

对于小刘和小李两位同学来说,他们需要对自己的字迹进行深入的分析。小刘同学虽然已经能写一手好字,但他不能因此而骄傲自满,还需要继续保持良好的书写习惯,不断提升自己的书法水平。而小李同学则需要重视自己的书写问题,尽可能地扭转书法不好的劣势,练出一手好字。

年轻就是资本,年轻人有足够的时间和精力去提升自己。对于年轻人来说,花费大量时间提升书法,是一件非常值得的事情。因为这不仅能够提升他们的学习成绩,还能够帮助他们在未来的工作和生活中展现出更好的自我。

总的来说,无论是小刘还是小李,他们都需要在年轻的时候就开始重视自己的书写问题,通过不断的练习和提升,让自己的字迹变得更加美观、规范。写得一手好字无疑是一种无形的财富,让我们共同努力,帮助孩子们练出一手好字。

根据行业趋势分析模板去写专业文章,很容易打造个人IP。注意行业趋势一定要有准确的数据和核心内容,且能够保证这部分内容不会出错。这篇文章并没有用到具体数据,只是进行举例,供读者了解模板的用法。理论上来说,如果讲孩子书法很差会对成绩带来影响,就要拿出详细的数据。当创作者写这类文章时,一定要准备翔实的数据。

## 3.5 实用技巧分享模板

继续沿用3.1节的故事:如何通过个人努力,让一位字写得歪歪扭扭的小朋友学会写一手漂亮的楷体字?

接下来搭建实用技巧分享模板:

**提出问题+解决方案一+解决方案二+解决方案三+趋势分析+额外补充**

假定关键信息如下。

小朋友字写得不好,可以用以下3个方法来提升书法能力,如图3-1所示。

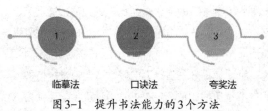

图3-1 提升书法能力的3个方法

临摹法:模仿别人写字,可以迅速提升书法能力。

口诀法:通过严格执行书法培训班的一整套口诀,可以写出一手好字。

夸奖法:通过对小朋友进行夸奖、积极的心理暗示,可以提高他们学习书法的信心,从而写出更漂亮的字。

对部分信息做补充:

提出问题:部分中小学生写的字歪歪扭扭,遇到这种情况该怎么办?

解决方案一:临摹法。模仿别人写字,可以迅速提升书法能力。

解决方案二:口诀法。通过严格执行书法培训班的一整套口诀,可以写出一手好字。

解决方案三:夸奖法。通过对小朋友进行夸奖、积极的心理暗示,可以提高他们学习书法的信心,从而写出更漂亮的字。

趋势分析:字写得不好,很容易对文科成绩产生不好的影响,还会导致孩子自卑,被同学嘲笑,所以提升孩子的书法能力变得尤为重要。

额外补充:孩子字写得差,父母及老师的夸奖往往比任何技巧都重要,千万不要贬低孩子,以免孩子产生写字焦虑。

**对讯飞星火认知大模型输入：**

请针对上述指令调试，生成一份符合实用技巧分享模板的具备个人IP属性的文章。

**讯飞星火认知大模型输出：**

标题：书法提升秘籍：实用技巧分享，让孩子写出一手好字！

导语：部分中小学生写的字歪歪扭扭，遇到这种情况该怎么办？本文将分享一些实用技巧，帮助孩子们提升书法能力，写出一手好字。

一、临摹法

临摹法是一种迅速提升书法能力的好方法。通过模仿别人写字，孩子们可以掌握不同的书法风格和技巧。在书法培训班中，老师会教授孩子们如何进行临摹练习，以及如何从中找到自己的书法风格。

二、口诀法

口诀是孩子们学习书法的重要工具。通过严格执行书法培训班的一整套口诀，孩子们可以更轻松地写出一手好字。

三、夸奖法

对孩子进行夸奖和积极的心理暗示，可以提高他们学习书法的信心，从而写出更漂亮的字。当孩子写出一手漂亮的字时，应该给予充分的肯定和表扬，让孩子感受到自己的进步和成就。同时，不要贬低和嘲讽孩子，以免孩子产生写字焦虑。

四、总结

孩子字写得不好很容易对文科成绩产生不好的影响，还会导致孩子自卑，被同学嘲笑。因此，提升孩子的书法能力变得尤为重要。通过临摹法、口诀法、夸奖法等实用技巧，我们可以帮助孩子们写出一手好字。让我们共同努力，为孩子们创造一个良好的学习环境，帮助他们在书法道路上越走越远！

在使用实用技巧分享模板时一定要注意，尽量不要出现商业化的内容。实用技巧分享相当于干货分享，一旦读者在干货分享的过程中发现内藏"玄机"，包括但不限于对其他品牌或产品的推广营销，就会极大地降低读者对我们的信任度，并引起读者反感。

# 第 4 章
# 爆款内容方法论——流量为王，做好 IP 背书

想要打造爆款内容，需要从以下 4 个方面入手，分别是标题、热点文拆解、引导关注话术和引发情感共鸣。

> **温馨提醒**
>
> 文心一言在故事构造方面的延伸能力要略高于讯飞星火认知大模型和 ChatGPT，为了保证本章内容调试的连续性，我们统一用文心一言做内容调试。

## 4.1 标题吸引力法则

想要打造爆款内容，标题的重要性不言而喻。想写出爆款标题，就需要了解爆款标题的 3 个要素，如图 4-1 所示。

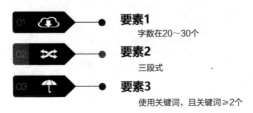

图 4-1 爆款标题的 3 个要素

举两个例子:

标题1:中小学生学习成绩不好,和这3件事有关,父母要早做准备

标题2:导致孩子学习不好的3件事

假设以上标题配图和内容都一样,你更愿意看哪篇文章?大部分人会选择第一篇,这是因为第一篇文章满足了上述3个要素。

将标题字数控制在20～30个,这是为了对标今日头条和百家号,而且这个字数范围的标题可以将文章内容表现得更好。今日头条和百家号是目前国内新媒体文章变现能力较强的平台,也是我们需要重点运营的两个平台。今日头条的标题字数为2～30个,如图4-2所示;百家号的标题字数为8～30个,如图4-3所示。

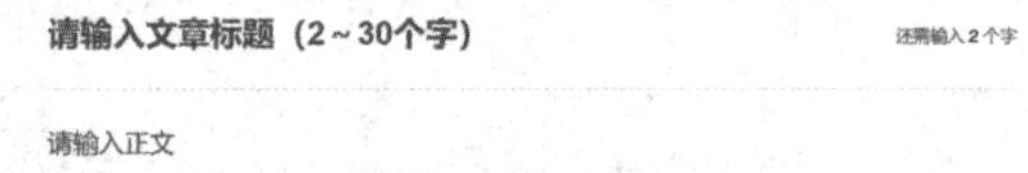

请输入文章标题(2～30个字)　　　　　　　　　　　　还需输入2个字

请输入正文

图4-2　今日头条标题字数

请输入标题(8 - 30字)　　　　　　　　　　　　0/30

图4-3　百家号标题字数

三段式标题之所以能够吸引读者的注意力,是因为三段式的起承转合更符合读者的阅读习惯,如图4-4所示。

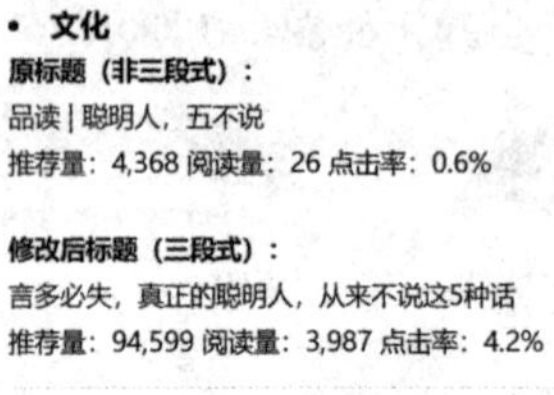

• 文化
原标题(非三段式):
品读 | 聪明人,五不说
推荐量:4,368 阅读量:26 点击率:0.6%

修改后标题(三段式):
言多必失,真正的聪明人,从来不说这5种话
推荐量:94,599 阅读量:3,987 点击率:4.2%

图4-4　三段式标题

爆款标题中的关键词一般以名词为主,其辨识度高,个数不少于两个,

方便百家号、今日头条、一点号等自媒体平台抓取,并把文章发送给对应的读者群。

在满足以上3个要素后,我们再讲解几个可以提升标题吸引力的法则。

**法则一:** 数字+解决方案,引发读者互动。

---

**对文心一言输入:**

我准备写一篇文章,以家庭教育为主题,请帮我写出文章题目。

---

**文心一言输出:**

以下是一些可能适合以家庭教育为主题的文章题目:

"家庭教育的力量:培养孩子的重要素质"

"在家庭教育中培养孩子的社交能力和情商"

"家庭教育:成功教育的基石"

---

**对文心一言继续输入:**

文章题目要求有数字+解决方案,比如"这3种方案,可以有效提升孩子的成绩",按照这个标准,帮我撰写3个爆款标题。

---

**文心一言输出:**

以下是根据您的要求创作的3个爆款标题:

"3种策略,让孩子在家庭教育中取得突破"

"成绩滑坡?试试这3个解决方案"

"掌握这3种方法,让你的孩子在考试中成功逆袭"

---

**对文心一言继续输入:**

文章题目如果能分成三小段,中间用标点隔开,则更能吸引读者阅读,请按照上述标准重新帮我写出文章题目。

---

**文心一言输出:**

以下是根据您的要求创作的分成三小段的爆款标题:

"成绩滑坡,3种策略,让孩子在家庭教育中取得突破!"

> "孩子厌学，想提高孩子的成绩，试试这3招！"
>
> "这3种方案，可以让孩子学习更轻松，成绩更上一层楼！"

法则二：以疑问句为主导，引发读者互动。

> **在文心一言原有回答的基础上进行调试：**
>
> 重新生成文章题目，必须以疑问句为主导，增强文章题目的可读性。

> **文心一言输出：**
>
> "孩子成绩下滑怎么办？这3个方法能帮你有效解决问题！"
>
> "厌学孩子怎么管？试试这3招，让孩子重新热爱学习！"
>
> "考试如何取得好成绩？这3种方案让你轻松逆袭！"

法则三：借助名人或有一定影响力的人的名字，吸引读者注意，引发读者互动。

> **在文心一言原有回答的基础上进行二次调试：**
>
> 重新生成文章题目，且需要表明刘丙润也在使用这些方法来帮助子女提升成绩，增强内容的可读性。

> **文心一言经过多次调试后输出：**
>
> "刘丙润也在用的3种策略，轻松提升孩子的学习成绩！"
>
> "想提高孩子的学习成绩？刘丙润的这3个小技巧值得借鉴！"
>
> "刘丙润是如何让他的孩子在考试中取得好成绩的？"

法则四：由点到面叙述，扩大覆盖面，引发读者互动。

> **在文心一言原有回答的基础上进行三次调试：**
>
> 重新生成文章题目，且需要表明我们提供的这一套方法论适用于中小学生，增强文章的可读性。

> **文心一言输出：**
>
> "中小学生成绩提升秘籍：刘丙润的3个小技巧你也能用！"

> "想让孩子在中小学取得好成绩？试试刘丙润的这一套方法论"
> "刘丙润教你：如何为中小学生打造卓越学习计划！"

## 4.2 热点文拆解模板，把热点变成流量

在利用热点事件创作的过程中，一定要注意以下5个事项，如图4-5所示。

图4-5 热点事件创作中的注意事项

以上5个注意事项涉及的热点，原则上是不允许创作的，轻则扣分封号，重则承担法律责任。我始终认为，自媒体人应该有最基本的底线，可以讲一些负面新闻，但前提是这些信息是事实，而且最终的落脚点要引人向善。

为了便于创作热点文，我总结了3个热点文拆解模板，如图4-6所示。

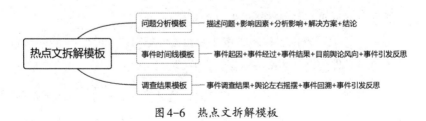

图4-6 热点文拆解模板

◇ 模板一：问题分析模板。

描述问题+影响因素+分析影响+解决方案+结论

**描述问题**：先对热点事件做一个大概的叙述，以此来吸引读者的注意力。

**影响因素**：分析热点事件能够引发公众关注的因素，比如人、事、物。

**分析影响**：热点事件对社会、个人、情绪、舆论等的影响。

**解决方案**：对于此次热点事件的发展走向或解决方案做点评或拆解。

**结论**：对此次事件做总结。

◇ 模板二：事件时间线模板。

事件起因+事件经过+事件结果+目前舆论风向+事件引发反思

**事件起因**：点明这件事情发生的原因。

**事件经过**：介绍事件中主要的关联人物，以及事件的经过。

**事件结果**：对热点事件的最终结果做定性分析。

**目前舆论风向**：摘抄粉丝评论，并总结当前阶段的舆论风向。

**事件引发反思**：对此次事件做反思总结。

◇ 模板三：调查结果模板。

事件调查结果+舆论左右摇摆+事件回溯+事件引发反思

**事件调查结果**：采用倒叙法，先点明此次热点事件的最终结果。

**舆论左右摇摆**：介绍在这件事情中网友的不同观点。

**事件回溯**：讲明这件事情发生的起因、经过。

**事件引发反思**：对此次事件做反思总结。

为了更好地理解以上模板，本小节以《环球时报》转载××景区招聘信息的热点事件为例，用文心一言进行调试。

河北邯郸的××景区高薪招聘孙悟空，这件事登上热榜。上游新闻联系到了××景区，当记者询问此次事件时，相关负责人表示：这件事是真的,去年春天发布的招聘信息,现在已经有两位孙悟空扮演者,今年还想再招聘一位,只不过一直没有合适的人选。此次事件一经爆料,吸引了很多网友的注意,同时也有一些网友对该岗位跃跃欲试。

对模板一进行数据投喂:

描述问题:××景区招聘扮演孙悟空的演员,并表示去年招聘了两位员工,今年还需要再招聘一位。

影响因素:相关负责人回应,之所以一直挂着招聘信息,是因为现在还没有招聘到合适的人。

分析影响:虽然看起来工资待遇高,工作强度低,但需要一直吃小朋友给的香蕉、苹果等水果,对肠胃是一大挑战。

解决方案:目前没有招聘到合适的人,只能继续招聘。

结论:这份工作虽然看起来好玩、轻松,但难度不低,否则不会到现在了还缺人。

对文心一言输入:

请针对上述信息帮我生成一篇热点文章。

文心一言输出:

××景区招聘孙悟空演员:高待遇低强度,为何无人问津?

××景区近日发布了一则招聘信息,寻求扮演孙悟空的演员。去年景区已经成功招聘了两名员工,今年计划再招聘一名。尽管这份工作看起来待遇优厚、工作强度低,却似乎并没有吸引到足够多的应聘者。

据了解,××景区之所以需要孙悟空演员,是为了给游客带来更加丰富的游玩体验。在景区内,这位"孙悟空"与游客互动,增加游客的参与感和娱乐性。

对于这份工作,相关负责人表示,虽然看起来工资待遇高,工作强度低,但实际上需要面对一些挑战。首先,应聘者需要具有良好的身体素质和表演能力,能够生动地扮演孙悟空这一角色。此外,由于需要与游客进行频繁的互动，因此还需要具备良好的沟通能力和亲和力。

然而，相关负责人也透露了一个细节，让人们对这份工作有了更深入的了解。原来，这份工作虽然看起来轻松、有趣，但需要一直吃小朋友给的香蕉、苹果等水果，还是有一定难度的。

该负责人表示，目前还没有招聘到合适的人选，××景区会继续进行招聘工作。对于那些对表演和互动工作感兴趣的人而言，这或许是一次机会。

总的来说，××景区招聘孙悟空演员的工作虽然看似轻松有趣，实际上却需要应聘者具备多方面的能力和素质。对于那些有意向应聘的人来说，了解这份工作的真实情况至关重要。希望在未来，××景区能够招聘到合适的孙悟空演员，为游客带来更加精彩的游玩体验。

如果想获得更优质的内容，读者可进一步调试。

对模板二进行数据投喂：

事件起因：××景区月薪6000元招人扮演孙悟空，引发网友热议。

事件经过：×月×日有记者联系到××景区的相关负责人，询问月薪6000元招聘扮演孙悟空的演员且每小时换一次岗的消息是否属实。

事件结果：××景区相关负责人回应："是真的，这是去年春天发布的招聘信息，现在我们有两位孙悟空扮演者，今年我们还想再招一位。因为还没有合适的人选，所以一直在招聘。"

目前舆论风向：一些网友想尝试一下这份新奇的工作。

事件引发反思：一份好玩不累的工作，为何这么长时间都没有招到合适的员工？很有可能这份工作表面上看起来轻松，但实际上有不小的难度。

**对文心一言输入：**

请针对上述信息帮我生成一篇热点文章。

**文心一言输出：**

××景区月薪6000元招聘孙悟空演员：是真需求还是炒作？

近日，××景区发布的一则招聘信息引发了网友的热议。据称，景区正在招聘扮演孙悟空的演员，月薪6000元。这一消息迅速在网络上传播开来，引起了广泛关注。

据了解，××景区是一个以自然风光和人文景观为主题的旅游胜地。为了给游客提供更加丰富和有趣的游玩体验，景区决定招聘孙悟空演员，以增加游客的互动性和娱乐性。

对于这一招聘信息，不少网友表示好奇和关注。有的人认为这是一个有趣的工作，可以尝试扮演孙悟空，与游客互动。也有人质疑该招聘信息的真实性，认为这可能是景区为了吸引眼球而进行的炒作。

针对网友的质疑，有记者联系到××景区的相关负责人。该负责人表示，招聘信息是真实的，月薪6000元是包括社保等福利待遇的总收入。同时，他透露，目前景区已经有两位孙悟空演员，但今年计划再招聘一位，目前还没有合适的人选。他解释说，可能是因为这份工作具有一定的难度和挑战性，导致应聘者数量不足。

这一事件引发了网友的热议和讨论。一些人表示愿意尝试这份新奇的工作，认为这是一个难得的经历。也有人认为这份工作虽然看起来轻松有趣，但实际上可能并不适合自己。

总的来说，××景区招聘孙悟空演员的消息引发了广泛关注和热议。这一事件无论是不是景区炒作的方式，都给人们带来了不少话题和讨论。对于那些对表演和互动工作感兴趣的人来说，这或许是一个值得关注和尝试的机会。

对模板三进行数据投喂：

事件调查结果：××景区发布招聘孙悟空扮演者的信息为真实的职场招聘信息。

舆论左右摇摆：一些网友认为是炒作，而一些网友对该岗位跃跃欲试。

事件回溯：×月×日有记者联系到××景区，询问该招聘信息是否属实，相关负责人回应："是真的，这是去年春天发布的招聘信息，现在我们有两位孙悟空扮演者，今年我们还想再招一位。因为还没招到合适的人，所以一直在招聘。"

事件引发反思：一份好玩不累的工作，为何这么长时间都没有招到合适的员工？很有可能这份工作表面看起来轻松，但实际上有不小的难度。

> **对文心一言输入：**
>
> 请针对上述信息帮我生成一篇热点文章。

> **文心一言输出：**
>
> ××景区招聘孙悟空演员：月薪6000元，是真的吗？
>
> 近日，××景区的一则招聘信息引起了广泛关注。据称，景区正在招聘扮演孙悟空的演员，月薪6000元。这个消息迅速在社交媒体上传播开来，引发了网友的热议。
>
> 一些网友认为这是一次成功的炒作，目的是吸引更多游客到××景区。然而，也有一些网友对这份工作表示了浓厚的兴趣，认为这是一个机会，可以尝试扮演孙悟空并与游客互动。
>
> 针对网友们的质疑和关注，×月×日，有记者联系到××景区的相关负责人，该负责人确认了这一招聘信息的真实性，并表示这是去年春天发布的招聘信息，目前景区已经有两位孙悟空演员，但今年计划再招聘一位。
>
> 该负责人解释说，这份工作需要具备一定的表演能力和身体素质，能够生动地扮演孙悟空这一角色，并与游客进行互动。虽然这份工作看起来有趣且轻松，但实际上需要应聘者具备多方面的能力和素质。这可能是招聘广告发布后长时间没有合适的人选的原因。
>
> 总的来说，××景区招聘孙悟空演员的消息引发了广泛关注和热议。这一事件无论是不是景区炒作的方式，都给人们带来了不少话题和讨论。对于那些对表演和互动工作感兴趣的人来说，这或许是一个值得关注和尝试的机会。

热点文是为数不多能够打造爆款的内容，我们可以借助当下发生的时事热点，进行一次创作、二次创作（热点内容的多角度创作）。在创作过程中，配合平台的流量推送，很容易积累粉丝。

热点文在平台流量推送的过程中有一条逻辑：因为热点事件受到读

者的关注足够多,所以平台在意识到是热点事件后,开始大面积推流。在这个时间段去写相关内容,且能够写出特色,都可能会被粉丝关注。

除此之外,还有一些热点实际上是谣言,如果借此创作则很有可能会承担相应的责任。所以在紧跟热点的过程中,也要时刻关注热点动向,判断热点是事实还是谣言,如果是谣言,则第一时间删除文章。

## 4.3 引导关注话术,增加粉丝关注比

引导关注话术一般出现在一篇文章的3个位置,分别是开篇、结尾及评论区,主要目的是实现增粉。假定内容如下。

运营账号:刘丙润老师。

账号主要发布内容:如何提升写作能力、如何通过写作变现,以及每周六晚8点直播。

根据在文章中的位置,可以将引导关注话术分为3种,如图4-7所示。

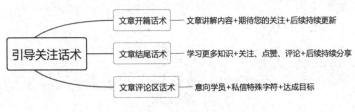

图4-7　引导关注话术

这3种不同的引导关注话术,其目的各不相同。

文章开篇引导关注话术的目的是让粉丝产生期待。内容包括:这篇文章主要讲的是什么?读完这篇文章之后能够获得什么?如果读者对这部分内容非常感兴趣的话,可以直接点击"关注"。

文章结尾引导关注话术的目的是提醒粉丝做关注动作。一篇文章2000多字,阅读用时4~6分钟,读者读到文章的最后,他大概率认可该

文章的内容，此时使用引导话术，可以让读者由对文章内容的认可转为对文章创作者的认可。

文章评论区引导关注的作用和文章结尾引导关注的作用相似，此外还有一个额外作用，即引流到私域。比如我们的文章讲解如何通过写作方式实现高效变现相关内容，那么在评论区中就可以使用如下引导关注话术："对写作感兴趣的宝子们，可以点一下关注哟！如果想持续精进写作，可以在评论区回复666，免费赠送资料包一套。"而在评论区中回复666的人，则意味着有强烈的写作意愿，对于这部分读者，我们可以引流到私域中。

对文心一言分别输入3种引导关注话术。

**对文心一言输入一：**

帮我生成一份新媒体文章开篇引导关注话术，要求如下：

本篇内容主要讲解新媒体写作变现，如果关注账号，可以跟进后期更新内容，更便于读者了解新媒体写作变现知识。

生成引导关注话术的字数不得多于100个，且具有引导性，让读者主动关注账号。

生成3条，供我选择。

**文心一言输出一：**

想要在新媒体领域获得更多收益吗？关注我的账号，了解更多新媒体写作变现的技巧和方法，让你的写作之路更加宽广！

写作变现并不是一件容易的事，但我的账号将为你提供新媒体写作方面的专业指导。关注我，了解更多行业干货，让你的写作能力直线提升！

如果你对新媒体写作变现有兴趣，那么请关注我的账号。我们将不断更新相关内容，提供更多干货技巧，帮助你更好地了解行业动态。

**对文心一言输入二：**

帮我生成一份新媒体文章结尾引导关注话术，要求如下：

本篇内容讲解的是新媒体写作变现，通过阅读本篇文章，读者学会了如何快速写作，但如果想了解更多的新媒体写作内容，可以关注账号，方便持续跟进。

生成引导关注话术的字数不得多于100个，且具有引导性，让读者主动关注账号。

生成3条，供我选择。

**文心一言输出二：**

如果你想在新媒体写作领域更上一层楼，不仅需要掌握快速写作的技巧，还需要不断学习更多的新媒体写作知识。关注我的账号，持续获取更多干货，让你的写作能力更加强大！

通过阅读本文，你已经学会了快速写作的方法，但新媒体写作的魅力远不止于此。关注我的账号，解锁更多新媒体写作技巧，让你的写作更具吸引力和价值！

不要止步于本文的内容，还有更多的新媒体写作干货等着你。关注我的账号，获取更多有价值的内容，让你的写作之路更加宽广！

**对文心一言输入三：**

帮我生成一份新媒体文章评论区引导关注话术，要求如下：

本篇文章讲解了如何通过新媒体写作变现，如果你想要了解具体实操流程及哪些平台可以变现的话，可以点击关注，在私信处回复666，我将送上一份写作变现课件。

生成引导关注话术的字数不得多于100个，且具有引导性，让读者主动关注账号。

生成3条，供我选择。

**文心一言输出三：**

如果你想深入了解新媒体写作变现的具体实操流程及哪些平台可以变现，别错过这次机会！只需关注我的账号，并在私信处回复666，就会送上这份珍贵的写作变现课件！

本文讲解了新媒体写作变现的奥秘，但为了让你可以实际操作并了解更多变现平台，请关注我的账号并回复666，我将提供一份详细的写作变现课件。

如果你渴望通过新媒体写作实现变现，或者想知道在哪些平台可以变现，那么请务必关注我的账号。只要在私信处回复666，我们就会为你提供这方面的宝贵课件！

## 4.4 机器也有温度，AI写作引发情感共鸣

有一些文章看似非常普通，却能够成为爆款。以我写过的一篇文章举例。

这篇文章看起来平平无奇，也没有借助热点内容，但是阅读量达141.4万，创作收益2180.26元，如图4-8所示。

如果我们点开这篇文章（见图4-9），进行深入了解，就不难发现：这篇文章既没有"蹭"热点，文章内容创作上也没有引经据典，趣味性也不强。那么问题来了，这篇文章是怎样成为爆款的呢？是怎样实现单篇文章收益在2000元以上的？答案是：引发情感共鸣，下面给大家说明一下。

引发情感共鸣：发传单这类工作几乎是广大的临时工、兼职、小时工群体的不二选择，就算我们没有发过传单，那无论去超市、商城还是广场，都会见到路边形形色色的人往我们的手里塞传单。所以，当我们写"发传单"这个选题的文章时，

图4-8 创作收益图示

图4-9 文章截图

在无形中就已经引发了广大读者的情感共鸣,尤其是有过发传单经历的朋友,进而吸引了更多读者阅读。

关于打造情感共鸣,我总结了3种方式,如图4-10所示。其目的是吸引阅读群体,增加文章爆款的可能性。

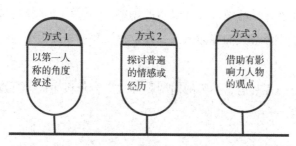

图4-10 打造情感共鸣的3种方式

**方式1:以第一人称的角度叙述**。讲自己的故事,或者亲眼所见的事。

在写文章时,以第一人称的角度写会更容易增加这篇文章的真实感,能够让读者更加深入地了解故事叙述者的内心世界。同时,第一人称在内容创作的过程中,非常容易表达自己的真实情感,让读者具有亲近感,也能够保证作者情感输出和读者情感接收的互通。

分享我某天遇到的3件事,如下所示。

第1件事:写字楼的电梯超负荷运作,很多人急着上班就插队上电梯,结果我等了好几趟才上去。

第2件事:我没能完成公司领导安排的任务,刚进公司就被领导批评。

第3件事:点外卖时,外卖小哥明明没有把餐送到我的手里,就提前点了"送达",结果外卖半小时后才到,而且他没有一点歉意。

这些都是日常生活中的普遍现象,利用第一人称讲述,更容易引发读者的情感共鸣。

**方式2:探讨普遍的情感或经历**。对于普遍的事,人与人的情感很容易产生共鸣,这中间是有因果关系的。例如,大部分人都很难坚持下去,往往会产生三天打鱼两天晒网的情绪;对于未来存在迷茫感,以及长大成人后，父母给我们建议或意见时产生反抗感……这些情感或经历是有共性的，而这种共性以文字的形式输出，通过创作励志文或个人情感文的方式给读者展示出来，往往更容易打动读者。

**方式3：借助有影响力人物的观点。**有影响力人物发表的某些观点由于具有专业性、独特性，外加媒体的爆料，经过社交媒体的传播形成普遍认知，往往会被人们津津乐道，并且很容易在短期内引发相关群体的共鸣。

用文心一言对情感共鸣的前两种方式进行随机生成，打造具有情感共鸣的文章。

---

**对文心一言输入：**

我想写一篇具有情感共鸣的文章。

以日常生活中的琐事为开篇，以第一人称的角度来叙述。

请帮我选3～5个选题。

---

**文心一言输出：**

以下是一些可能引起情感共鸣的选题，以你的日常生活琐事为开篇，以第一人称的角度来叙述：

1. "日常生活中的'小确幸'与'小烦恼'"

这个主题可以以你的日常生活为开始，描述一些简单但常见的快乐和烦恼，如午后的一场小憩、上班早高峰的拥挤等。这些看似微不足道的事情，却能为日常生活增添色彩和情趣。而每个人也都有自己的"小确幸"与"小烦恼"，因此这个主题可以引发读者的情感共鸣。

2. "那些年，我们共同的'第一次'"

这个主题可以描述你在学习、工作或生活中第一次经历的事情，如第一次离家、第一次考试失败、第一次面试，等等。这些"第一次"的经历，可能对你的人生观、价值观产生深远的影响。在每个人的人生中都有许多的"第一次"，因此这个主题能够引起读者的情感共鸣。

3. "那些年，我们的'不理解'与'理解'"

这个主题可以描述你在成长过程中对某些事情或人的不理解和理解。例如，小时候对父母的严格要求不理解，长大后却能理解他们的苦心；对朋友的行为不理解，但经过时间的洗礼，却能理解他们的内心世界。每个人都会在成长的过程中遇到这样的事情，因此这个主题能够引起读者的情感共鸣。

4."日常生活中的'小温暖'与社会'大热点'"

这个主题可以描述你在日常生活中遇到的"小温暖"，如陌生人的善意、朋友的关心、家人的照顾等。这些"小温暖"尽管看似微小，却能在社会的大热点中提供一股清流。通过对比日常的"小温暖"和社会"大热点"，可以让读者看到社会的复杂性，也能让他们从自己的生活中找到平衡和安慰。

5."我们在日常生活中'未说出口'的话"

这个主题可以描述你在日常生活中那些"未说出口"的话，可能是对家人的感谢、对朋友的感谢、对陌生人的感谢等。有些情感和感激我们可能不会说出口，却真实地存在着，影响着我们的行为和决定。这个主题可以让读者看到自己内心深处的情感，并鼓励他们在日常生活中表达出来。

**对文心一言输入：**

我想写一篇具有情感共鸣的文章。

但是这件事必须大部分人经历过或见过，且具备人们普遍的情感或经历。

请帮我选3～5个选题。

**文心一言输出：**

以下是一些具备人们普遍情感或经历的选题：

1."童年的回忆：那些无忧无虑的日子"

每个人都有童年，童年的快乐、纯真、无忧无虑及好奇心几乎是我们共同的记忆。该主题可以引导读者回忆自己的童年，激发对过去的怀念和对生活的热爱。

2."青春的迷茫：那些挣扎与探索的日子"

青春期是人生既有趣又痛苦的阶段，年轻人在这个阶段开始独立思考、探索自我、建立人际关系。这个时期我们可能会感到迷茫、挣扎，试图寻找自己的价值观和人生目标。这个主题可以引起读者的情感共鸣，唤起他们对青春的回忆。

> 3. "家庭的温暖：那些血浓于水的情感"
>
> 家庭是人类情感的核心。无论是快乐还是痛苦，家人的陪伴和支持永远是我们最坚实的依靠。这个主题可以唤起读者对家人的感激之情。
>
> 4. "爱情的甜蜜与苦涩：那些刻骨铭心的经历"
>
> 很多人都经历过爱情的甜蜜和苦涩。这个主题可以引导读者分享自己关于爱情的点点滴滴，包括初恋的羞涩、热恋的疯狂、失恋的痛苦等。这些情感共鸣能够让读者更好地理解爱情，并对生活产生更深刻的认识。
>
> 5. "友谊的力量：那些陪伴我们成长的朋友"
>
> 友谊是人生中另一种重要的情感，朋友是陪伴我们成长、分担我们喜怒哀乐的人。这个主题可以引导读者想起自己的朋友，回忆和朋友一起度过的时光。这种共鸣能够让读者更加珍惜眼前的友情。

关于方式三——借助有影响力人物的观点，其重中之重在于找到有影响力人物的观点。在这里给大家提供两个简单的方法：一种是打开今日头条或其他网站，在网站的检索框中输入专家言论或有影响力人物的姓名进行检索；另一种是直接关注相关有影响力人物的自媒体账号，然后实时追踪他们输出的内容即可。

当我们找到合适的有影响力人物的观点后，就可以对这个观点进行拆解，比如先对观点提出假设或问题，然后分析这个观点是否成立，最后得出结论。引用观点时，注意深入思考，规避引用伪专家、伪学术研究的相关观点。

## 4.5 话题延伸——AI来降重

2020年，今日头条、百家号等平台开始邀请优质作者给文章内容打分来判定该内容是否优质，在给作品打分时，有几个规则，其中之一就是文章字数不能过低，尤其是不能低于1200字的底线。同时原创度不能低于60%，否则很容易被判定为抄袭。

那我们如何在保证原创度的前提下延伸话题呢？在这里给大家讲解话题延伸的5个法则（见图4-11），我们可以配合人工智能技术来实现降重操作。

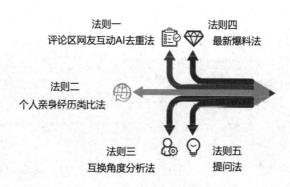

图4-11 话题延伸的5个法则

我们随机选定一个热点事件——"今年除夕不放假"进行案例讲解。

**法则一：评论区网友互动 AI 去重法。**

今年除夕不放假这件事引起网友争议，且网友不自觉地站在了正反两派，部分网友评论如下。

网友1：虽然今年过年放假7天，但是7天放假大有门道，从初一到初七，初七之后又多了一天调休，就变成了初一到初八。而除夕这天名义上是工作日，国务院办公厅发文鼓励各单位结合带薪年休假等制度落实，安排职工在除夕休息，无形当中又挤出来一个休息日，相当于今年春节放假总共放了9天。

网友2：除夕本来就不是法定节假日，除夕当天不放假也纯属正常。所以对于这件事情没有必要过度炒作，只不过大家往年习惯了除夕放假，今年冷不丁不放假，心里不舒服罢了。

网友3：虽然国务院办公厅发文鼓励各单位安排除夕放假，就以我们公司老板的脾气，大概率除夕还是要坚持工作的。

**搜集部分粉丝评论，对文心一言调试：**

以上是3位网友对该热点事件的看法，请在不改变原有意思的情况下，重新生成3位网友的评论，并对这3位网友的评论做总结。

**文心一言输出：**

以下是3位网友的评论：

网友1评论：今年春节放假安排看似只有7天，但实际上颇有深意。从初一到初七的连续假期后，紧接着有一天调休，使得实际休息时间延长至初八。再加上除夕这天虽然名义上是工作日，但很多单位通过带薪年休假等方式让员工休息，这样无形中又多了一个休息日。合计起来，春节的休息时间相当于9天，这确实是一个不小的福利。

网友2评论：关于除夕不放假的争议，我认为其实并无必要过度渲染。除夕作为传统节日虽然重要，但它并非法定节假日。今年没有直接放假也属正常。大家之所以感到不适，可能只是因为我们习惯了往年除夕的休假安排。我们应该理性看待这一变化，不必过于纠结。

网友3评论：虽然国务院办公厅发文鼓励各单位在除夕安排员工放假，但考虑到我们公司的实际情况和老板的作风，我预计今年除夕大概率还是要正常工作的。这虽然是个遗憾，但我们也应该理解并接受这样的安排，毕竟工作与生活需要平衡。

总结：3位网友对于今年春节放假安排中除夕是否应作为休息日的讨论各抒己见。网友1看到了实际放假天数可能达到9天的"隐形"福利；网友2则呼吁大家理性看待这一变化，认为除夕不放假也属正常；而网友3则基于自身实际情况，预测了除夕可能仍需工作。这些评论反映了不同人对于节日放假安排的多元看法。

### 法则二：个人亲身经历类比法。

就今年除夕不放假这件事，可以延伸话题，讨论往年的除夕是否放假，往年除夕放假给自己带来了怎样的便利，以及往年的春节假日安排自己又是否满意？对于这些内容，我们可以以第一人称的角度做类比，在话题延伸的同时也能够起到降重的作用。

个人亲身经历类比法模板:

**我经历的类似事件+事件的参与者+事件的最终结局+
两起事件对比+经验总结与教训**

对文心一言补充关键信息如下:

我经历的类似事件:某年春节放假时间从除夕到初六,总计7天。

事件的参与者:我在除夕夜前一天晚6:30下班,第二天早起回老家,在高速公路上堵了8个小时,除夕下午4点左右到家。

事件的最终结局:因为春节放假只有7天,来回路途就耗费两天时间,虽然有5天的休息时间,但甚是疲惫。

两起事件对比:相比而言,今年春节放假时间为8天,更宽裕一些。而且大部分公司除夕会放假,比去年春节至少多出1~2天的休息时间。

经验总结与教训:无。(对于不同的事件,根据具体情况补充。)

---

**对文心一言输入:**

请针对上述信息帮我生成一篇文章。

---

**文心一言输出:**

今年春节放假安排已经出炉,从初一到初八,总计8天。然而,对于许多人来说,除夕不放假,多少有种意难平的感觉。

依稀记得,我某年除夕前一天的晚上6:30下班,第二天早起回老家,原本以为可以顺利踏上回家的路途,谁承想会在高速公路上堵车达8个小时,直到除夕下午4点左右,我才终于踏进家门。原本短暂的休息时间也因为路途的拥堵而变得异常宝贵。

春节的7天放假时间安排似乎对于很多人来说都有些"压力山大"。一来,春节是中国最重要的传统节日,家家户户都希望尽可能地与家人团聚。二来,由于工作、生活等因素,很多人不得不离家在外。这样一来,来回的路途时间就显得尤为宝贵。如果加上堵车等因素,实际休息的时间甚至不足5天。

相比之下,今年的春节放假时间为8天,这无疑给许多人带来了更大的便利。更令人欣喜的是，大部分公司会选择在除夕当天给员工放假。这样一来，与家人团聚的时间至少可以多出1～2天。

总的来说，尽管春节7天的放假时间对于许多人来说仍显得紧张，但这样的安排为大家提供了一个回家的机会，让我们能够在忙碌的工作之余，与家人共度一个温馨、祥和的春节。同时，也希望未来的春节放假安排能够更加人性化，让更多的人能够真正享受到这个传统节日带来的快乐和温暖。

**法则三：互换角度分析法。**

在内容创作的过程中，我们可以适当地将话题延伸，如果只是站在一个人的角度来分析某件事是对是错、是好是坏，内容创作很容易受到限制。我们可以站在人物的对立面来反向分析一下这件事是对是错、是好是坏。站在不同的角度来分析这件事，往往能够得出意想不到的结果。同时，这样的分析也能让整篇文章更丰富多彩，更具有可读性。

互换角度分析法模板：

确定人物对立面+对立面观点+对立面观点二次确定

下面我们不从员工的角度来分析，而是尝试从公司领导的角度来看一看，除夕不放假究竟意味着什么？

对文心一言补充关键信息如下：

确定人物对立面：从公司领导的角度分析，除夕不放假究竟意味着什么？

对立面观点：即使除夕安排员工在岗位上工作，员工大概率也是"身在曹营心在汉"，无心工作，效率大打折扣不说，除夕当天能够对接的部门、单位或公司也少之又少。

对立面观点二次确定：公司领导大概率会在除夕给员工放假，在博个好名声的同时稳定了公司员工的情绪。

**对文心一言输入：**
请针对上述信息生成一篇文章。

**文心一言输出：**
公司领导视角下的除夕工作决策：权衡与考量

在每年的岁末年初，春节的钟声即将敲响之际，除夕这个特殊的日子总是牵动着每一位员工的心。对于公司领导而言，除夕是否放假，不仅仅是一个简单的行政决策，它背后蕴含着对公司运营、员工情绪以及企业文化等多方面的考量。

从工作效率的角度来看，即使除夕安排员工在岗位上工作，很可能会受到节日氛围和个人情绪的影响，导致他们工作效率低下。由于这一天是中国的传统节日，大多数员工都希望能与家人团聚，享受节日的快乐，心思早已飘向了远方的家乡和亲人。

从商业合作的角度来考虑，除夕当天能对接的部门、单位或公司数量也相对较少，这使得公司能够对接的资源大大减少。在这种情况下，即使员工全力以赴，也可能因为缺乏必要的支持和配合而难以完成预期的工作目标。

然而，从公司领导的角度来分析，除夕不放假可能有着更深层次的考虑。首先，对于一些特殊行业或岗位来说，由于工作性质的特殊性，他们必须保持连续运作，以确保服务的稳定性和连续性。在这些情况下，除夕不放假可能是出于对客户负责、对社会责任的担当。

其次，公司领导可能会将除夕不放假视为对员工工作态度的考验和锻炼。通过让员工在特殊时期坚守岗位，可以培养他们的敬业精神、团队协作能力和抗压能力，这些能力对于员工个人的成长和公司的发展都具有重要意义。

当然，公司领导也深知员工对于除夕放假的期望和需求。因此，为了博得好名声并稳定员工的情绪，很多公司领导可能会选择在除夕当天给员工放假。这样一来，不仅能够满足员工的期望，提高员工的满意度和忠诚度，还能够稳定公司的运营和业务发展。

综上所述，除夕是否放假，公司领导需要从多个维度进行权衡和考量。在做出决策时，他们需要充分考虑公司的实际情况、员工的情感需求，以及企业文化和社会责任等因素。只有这样，才能做出既符合公司利益又符合员工期望的明智选择。

### 法则四：最新爆料法。

大部分热点文是可以持续创作的，因为热点本身就不是固定的，随着热点热度的增高，必然会爆出越来越多的相关消息。我们创作热点文时，可以将最新爆料出来的相关信息写到文章中，讲解这个热点件事的最新爆料，以及事情的后续进度，以此来增加粉丝的信服力。

最新爆料法模板：

> 事件最新进展＋最新进展当事人表态＋
> 最新进展当事人对立面表态＋总结分析

对文心一言补充关键信息如下：

事件最新进展：春节高速免费通行时间2月9日（除夕）00：00至2月17日（正月初八）24：00，共9天。

最新进展当事人表态：除夕虽然不放假，但除夕高速免费通行，这对打工人也是实实在在的便利。（没有当事人时，可以谈一下相关人员对此事的看法。）

最新进展当事人对立面表态：无。（对于不同的事件，根据具体情况补充。）

总结分析：虽然除夕不放假，但今年的假期安排相比于往年来说已经好了很多。而且除夕名义上是工作日，但国务院办公厅发文鼓励各单位在除夕安排员工放假，所以对于部分企业来说，春节放假有一定概率变成9天。整体来看，今年的春节假期安排给我们带来的好处更多。

**对文心一言输入：**

请针对上述信息生成一篇文章。

**文心一言输出：**

春节高速免费通行：实实在在的便利

春节期间，有一条好消息特别值得打工人关注：从2月9日（除夕）00:00至2月17日（正月初八）24:00，高速将免费通行，共9天。这对于广大归家心切的打工人来说，无疑是一大实实在在的便利。

尽管除夕当天并不放假，但高速免费通行的政策，实际上为许多人省了回家的路费。众所周知，春节期间的车票、机票价格都相对较高，而高速免费则减轻了大家的经济负担，让大家回家的路更加顺畅。

今年的春节假期安排相比往年已经有所优化。虽然初一是春节的法定假日，但通过调休，我们实际上享受了从初一到初八的连续长假。这为那些离家较远的人们提供了更多的时间与家人团聚。

由于国务院办公厅发文鼓励各单位安排放假，不少公司可能会将除夕也纳入假期安排中。这样一来，对于部分企业来说，员工们将享受长达9天的假期。

当然，我们也必须意识到，不是所有公司都会这样做。但对于那些能够享受到这一福利的员工来说，这无疑是一个很好的福利。

总体来看，今年的春节假期安排为我们带来了诸多好处。虽然除夕不放假，但高速免费通行和可能的9天长假都让我们深感欣慰。希望未来这样的安排能够更加普遍，让更多的人能够享受到春节的温馨与快乐。

### 法则五：提问法。

该法则没有固定模板，依托于人工智能大模型的惯性输出。经过之前的数据调试后，人工智能大模型已经接受了我们的大量信息投喂，让它直接生成一些内容也是可行的。接下来我给大家做一下测试，同样以文心一言为例，我们直接在输入框中输入以下两个问题，分别看一下输出的答案。

**问题一：**

如果你是职场员工，你如何看待今年除夕不放假这件事？

**文心一言输出：**

首先，理解公司的安排。在商业竞争中，公司需要保持运营的稳定性和连续性，以保障业务的正常运转。因此，在春节这样的重要节点上，公司需要有一部分员工坚守岗位，以确保公司的正常运营和客户的需求得到满足。虽然除夕是中国的传统节日，但作为职场员工，我们需要理解公司的商业需求并考虑公司的整体利益。

其次，积极应对。如果我被安排在除夕当天工作，我会积极应对，做好自己的本职工作，提前做好工作计划和时间安排，确保工作的高效和质量。同时，我也会利用工作之余与家人进行视频通话或电话交流，与他们分享过年的喜悦和快乐。虽然无法与家人共度除夕夜，但我会努力让家人感受到我的关爱和陪伴。

再次，寻求平衡。作为一名职场员工，我们需要平衡工作与生活的关系。虽然除夕不放假会带来一些不便和遗憾，但我会通过其他方式来弥补这一遗憾。例如，提前与家人做好春节期间的家庭计划，尽可能地安排时间与家人团聚。

最后，建议公司加强对员工的关怀。公司可以通过为员工提供额外的福利或补贴来表达对员工的关心和支持。例如，为除夕当天工作的员工提供加班费、年夜饭、红包等福利。这些措施可以让员工感受到公司的关怀，激发员工的工作热情。

综上所述，作为一名职场员工，我对今年除夕不放假的事情持有理解、积极应对、寻求平衡的态度，并希望公司加强对员工的关怀。同时，我也希望公司和员工能够共同营造和谐、稳定的工作环境，共同促进公司的稳定发展。

**问题二：**

如果你是一家企业高管，在得知今年的法定节假日不包括除夕，但员工迫切希望公司除夕能放假的情况后，你会怎么做？

**文心一言输出：**

作为企业高管，面对员工迫切希望在除夕放假的诉求，我会采取以下

措施:

  **紧急评估与决策**：我会先召集管理层进行紧急讨论，评估公司当前的运营状况和人员安排。同时，考虑到员工的家庭团聚需求和情感诉求。因为员工的满意度和幸福感对于公司的长期稳定发展至关重要。

  **深入了解员工期望**：通过内部调查、员工反馈或部门会议等渠道，深入了解员工对于除夕放假的期望和理由。这有助于我更加全面地理解员工的需求和感受，从而做出更合理的决策。

  **灵活调整与方案制订**：在充分评估公司运营和员工需求的基础上，制订一个灵活的调整方案。如果公司运营条件允许，我会考虑将除夕设为公司的带薪休假日，让员工能够回家与家人团聚。如果运营情况较为紧张，则考虑通过调整其他工作日或提供额外的补偿性福利来平衡员工的需求。

  **及时沟通与解释**：一旦决策确定，我会及时与员工进行沟通，解释公司的决策和安排，强调公司对员工家庭团聚的重视，并解释决策背后的原因和考虑。通过有效的沟通，我希望能够增强员工对公司的信任和理解。

  **后续关注与反馈收集**：除夕结束后，我会继续关注员工的反馈和公司的运营情况，收集员工对于此次调整的意见和建议，以便在未来的决策中做出更好的改进。

  总之，作为一家企业高管，我会在充分考虑公司运营和员工需求的基础上，灵活调整决策，以满足员工的合理期望，同时确保公司的稳定运营。我相信通过有效的沟通和合理的调整，我们能够实现公司与员工的共赢。

  原则上来说，我们使用上述5个话题延伸法则的任意1~2个，就可以很好地延伸话题并起到降重的作用。人工智能大模型在帮助我们丰富图文内容的同时，也能够降低图文内容的重复度。尤其是法则五，通过对人工智能大模型提出问题，它可以按照我们投喂的资料给予回答，既提升了文章内容的质量，也提高了创作效率，而且原创度也有了一定的保障。

# 第5章
# 从平台引流，打造私域群体

流量分为公域流量和私域流量，私域流量的变现率更高。我所讲的私域包括：微信、QQ、公众号、视频号。

> **温馨提醒**
>
> 专业话术的生成不考验语言逻辑，只需要套用对应模板就可一键生成。理论上来说，用文心一言、讯飞星火认知大模型和ChatGPT的效果相差不大。为了创作的连贯性，本章选用文心一言进行调试。

## 5.1 引流到私域社群的专业话术

假定你在某平台拥有5万粉丝，如何把这5万粉丝拉到私域呢？

假定信息如下：

刘丙润自媒体账号主要教大家如何通过写作变现，且准备了一大堆免费资料包和部分付费课程。要想领取免费资料，必须以微信的方式私下链接到刘丙润老师。

可以利用以下4个模板来打造引流到私域社群的专业话术，如图5-1所示。

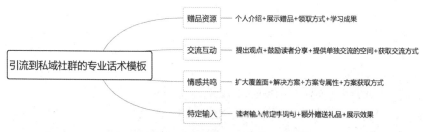

图5-1 引流到私域社群的专业话术模板

接下来打开文心一言，按顺序输入关键信息。

> **对文心一言输入关键信息一：**
> 请帮我生成引流到私域社群的专业话术，引导用户按操作流程主动添加我的QQ或微信。
> 个人介绍：刘丙润，从事9年写作培训。
> 展示赠品：一整套写作变现资料包。
> 领取方式：进入个人主页查看置顶信息，添加微信。
> 学习成果：新手能够快速学会新媒体写作变现方法。

> **文心一言输出：**
> 以下是5条引流到私域社群专业话术的示范：
> 领取写作培训资料包，刘丙润老师带你实现新媒体写作变现！按步骤添加QQ/微信，与刘老师交流，更快成长！
> 刘丙润老师分享写作技巧，9年经验助力变现！私域社群提供资料包，按流程加好友交流！
> 想要快速实现新媒体变现？刘丙润老师提供资料包，加入社群交流更高效！按步骤加好友，开启成长之旅！
> 刘丙润老师与你分享9年写作经验，社群交流更私密！资料包助你更快成长，开启变现之旅！

刘丙润老师，9年写作培训经验，资料包助力新媒体写作变现！私域社群，按步骤加好友交流！

**对文心一言输入关键信息二：**

请帮我生成引流到私域社群的专业话术，引导用户按操作流程主动添加我的QQ或微信。

提出观点：新媒体写作变现要追求速度和质量。

鼓励读者分享：大家有没有其他的写作变现渠道？

提供单独交流的空间：我单独组建了一个社群，用于写作变现交流。

获取交流方式：点击头像进入粉丝群，扫码进入微信群。

**文心一言输出：**

以下是5条引流到私域社群专业话术的示范：

想要快速实现新媒体写作变现？加入我的社群，获取更多写作资源和机会！点击头像进入粉丝群，扫码进入微信群！

新媒体写作变现，追求速度与质量！组建专属社群，分享更多写作经验和技巧！快来加入我们吧！

写作变现，交流分享，共同进步！加入我的粉丝群，与领域专家互动！期待与您在社群内相遇！

追求写作变现的速度与质量？加入我的社群，享受更多福利和机会！快来添加我的微信吧！

新媒体写作变现，社群内分享更多经验和技巧！加入我的粉丝群，扫码进入微信群，与更多志同道合的朋友一起进步！

**对文心一言输入关键信息三：**

请帮我生成引流到私域社群的专业话术，引导用户按操作流程主动添加我的QQ或微信。

扩大覆盖面：只要会写字，就有可能实现写作变现。

解决方案：必须有流量才可以变现。

方案专属性：我有一整套写作变现资料包，可以辅助变现。

方案获取方式：点击头像，根据提示添加我的个人微信，领取资料包。

**文心一言输出：**
以下是5条引流到私域社群专业话术的示范：
只要会写字、有想法，就有机会实现写作变现！点击头像，添加微信，领取专属资料包，快速变现！
缺少流量无法变现？解决方案来了！点击头像，添加微信，领取整套资料包，轻松实现写作变现！
一整套资料包助力写作变现！点击头像，添加微信，获取变现秘籍，迅速提高收益！
写作变现与流量挂钩！点击头像，添加微信，领取资料包，轻松掌握变现技巧，实现写作变现！
整套资料包助你快速实现写作变现！点击头像，添加微信，开启写作之旅，实现写作价值！

**对文心一言输入关键信息四：**
请帮我生成引流到私域社群的专业话术，引导用户按操作流程主动添加我的QQ或微信。
读者输入特定字词句：请在评论区输入"99"。
额外赠送礼品：赠送一套写作变现资料包。
展示效果：对新手来说，可以快速实现新媒体写作变现。

**文心一言输出：**
以下是5条引流到私域社群专业话术的示范：
输入"99"获取写作变现资料包，新手也能快速实现新媒体写作变现！快来加入我们吧！
赠送一套写作变现资料包，帮助新手快速实现新媒体写作变现！快来加入我们！
输入"99"获取写作变现资料包，开启你的写作变现之旅！快来加入我们！

> 写作变现不难,输入"99"获取资料包,快速掌握新媒体写作变现技巧!快来加入我们!
>
> 想要快速实现新媒体写作变现?输入"99"获取资料包,开启你的写作变现之旅!

## 5.2 盘活社群的5个模板

假定关键信息如下。

情景一:最开始我只注重从各大平台将私域流量引流到私域社群,并不懂私域社群的运营规则。拉社群之后有2~3周的空置期,导致活跃社群变成了"死"群。我现在迫切需要做的是把"死"群盘活。

情景二:我抓住了平台的一波流量,引流3000人到私域社群,但因为新来的小伙伴都比较沉默,社群内几乎没有人说话。我如何能够把社群盘活,引导大家进行交流?

以上两个情景都需要用到盘活社群的模板,如图5-2所示。

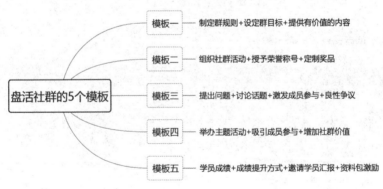

图5-2 盘活社群的5个模板

根据以上5个模板填充对应的关键信息,就可以刺激群成员在社群内发表言论。

以5.1节中的假定信息为例。

> **对文心一言输入模板一的相关信息：**
> 请针对下方信息，帮我生成一套盘活社群的话术，用于激励社群内小伙伴积极发言，营造良好的社群氛围。
> 制定群规则：在社群中不得私自添加好友，不得发送营销推广信息，不得发送侮辱他人的话语。
> 设定群目标：每周分享3种新媒体写作变现技巧，帮助大家实现写作变现。
> 提供有价值的内容：本周的写作变现技巧如下。技巧一，新媒体写作可以通过基础流量变现，即只要有人看就有收益；技巧二，打造付费专栏，用户付费才能观看，打造自己的IP和知名度；技巧三，通过热点内容来打造爆款文章。
> 盘活社群的话术总字数不得超过200字。

> **文心一言输出：**
> 大家好，这里是我们共同交流和成长的地方。请注意，为了维护良好的社群氛围，我们必须遵守一些规定：禁止私自添加好友、禁止发送营销推广信息、禁止发送侮辱他人的话语。
> 我们期待每位小伙伴都能积极参与社群讨论，让这里充满活力和正能量。每周，我们将分享3种新媒体写作变现技巧，帮助大家实现写作变现。
> 本周，我们要学习的是如何通过新媒体写作获得收益、打造付费专栏和利用热点内容来打造爆款文章。让我们一起努力，用文字创造价值！

> **对文心一言输入模板二的相关信息：**
> 请针对下方信息，帮我生成一套盘活社群的话术，用于激励社群内小伙伴积极发言，营造良好的社群氛围。
> 组织社群活动：从本周开始，我们将组织"爆款之星"活动。社群内的小伙伴只要能写出一万阅读量的爆款文章，就有机会冲刺。但前提是不得写

热点内容,以科普知识为主,且偏向于教育、情感、三农领域。

授予荣誉称号:满足上述条件并排名前10的小伙伴可以获得"爆款之星"称号。

定制奖品:给大家颁发荣誉之星奖杯及100元现金。

盘活社群的话术总字数不得超过200字。

**文心一言输出:**

亲爱的社群小伙伴们,好消息来啦!从本周起,我们将启动"爆款之星"活动,这可是展示你们才华的绝佳机会!只要能写出一万阅读量的科普知识类爆款文章,就有机会脱颖而出。文章内容主要聚焦于教育、情感、三农领域,让我们一同点亮知识的灯塔。

满足获奖标准后,不仅能够获得"爆款之星"称号,还有定制的特殊礼品等你来拿,包括荣誉之星奖杯及100元现金!期待你们的热情参与,一起让社群充满活力和智慧的火花!

**对文心一言输入模板三的相关信息:**

请针对下方信息,帮我生成一套盘活社群的话术,用于激励社群内小伙伴积极发言,营造良好的社群氛围。

提出问题:本周话题为——是写热点内容获得爆款对粉丝黏性有帮助,还是写泛知识内容对粉丝黏性有帮助?

讨论话题:本次讨论的话题为热点VS知识点,你支持哪一方?

激发成员参与:欢迎小伙伴们积极参与,输出观点,字数300字以上,且获得社群其他小伙伴的认可,可奖励荣誉证书一份。

良性争议:我们鼓励大家友好争论,不得侮辱、歧视、诋毁他人。

盘活社群的话术总字数不得超过200字。

**文心一言输出:**

大家好,本周我们将开启一场话题辩论,辩题:"是写热点内容获得爆款对粉丝黏性有帮助,还是写泛知识内容对粉丝黏性有帮助?"你们更倾向于哪一方呢?无论是支持热点还是知识点,都请大胆发表观点,让我们一起深入探讨。为了鼓励大家积极参与，只要你的发言获得其他小伙伴的认可，并达到300字以上，就能获得一份荣誉证书。请记住，我们鼓励友好争论，尊重每个人的观点，不得侮辱、歧视或诋毁他人。让我们一同营造一个积极、健康的讨论氛围，共同成长！

**对文心一言输入模板四的相关信息：**

请针对下方信息，帮我生成一套盘活社群的话术，用于激励社群内小伙伴积极发言，营造良好的社群氛围。

举办主题活动：我们本周举办的主题活动是写一篇《老小区安装电梯，是否应该给一楼住户补偿？》的文章。

吸引成员参与：大家写完文章后，可以投到我们的邮箱中，或添加微信：××××××，发送Word文档，稿件一旦被收录，将获得500元奖金。

增加社群价值：社群从今日开始收稿，收稿渠道以我们的私域社群为主。

盘活社群的话术总字数不得超过200字。

**文心一言输出：**

大家好，本周我们社群的主题活动来了！写一篇《老小区安装电梯，是否应该给一楼住户补偿？》的文章，这是一个引人深思的话题。我们诚邀大家踊跃参与，发表自己的见解。无论你是支持还是反对，都请用文字表达出来。写好后，可以直接投到我们的邮箱，或者添加微信：××××××，发送Word文档。一旦你的稿件被收录，即可获得500元奖金。这是一个展示自己思考力和才华的好机会。赶快行动起来，让我们一起探讨这个话题，为社群注入新的活力！

**对文心一言输入模板五的相关信息：**

请针对下方信息，帮我生成一套盘活社群的话术，用于激励社群内小伙伴积极发言，营造良好的社群氛围。

学员成绩：内部年卡学员波比创作了一篇200万阅读量的爆款文章，单篇文章的收益突破5000元。

成绩提升方式：之所以能够写出爆款文章，是因为封面有趣，且文章题

资源下载码：sybxjt

目三段式吸引了大量的读者群体。

邀请学员汇报：本周日晚8点，波比将会到我们的社群中分享打造爆款文章的秘诀。

资料包激励：在波比分享完打造爆款文章的秘诀后，会给大家赠送一份爆款写作资料包。

盘活社群的话术总字数不得超过200字。

**文心一言输出：**

喜报！我们的内部年卡学员波比，凭借一篇200万阅读量的爆款文章，收益突破5000元！这不仅是波比的荣耀，更是我们社群实力的体现！

想知道波比是如何做到的吗？秘诀就在于封面设计有趣，文章题目运用三段式，从而吸引了大量读者群体。

为了让大家也能掌握这些秘诀，波比将于本周日晚8点在我们的社群中分享心得！期待与你共同学习、共同进步！

分享结束后，为大家准备了爆款写作资料包，助你一臂之力！快来参与吧，让我们一起创造更多爆款文章！

## 5.3 输出私域属性内容，增加曝光率

社群盘活之后，如何继续用AI大模型输出私域属性内容呢？首先要明白这样做的目的，如图5-3所示。

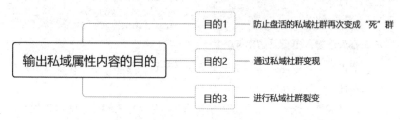

图5-3 输出私域属性内容的目的

如何通过AI大模型输出具有私域属性的内容呢？假定信息如下。

社群组建者：刘丙润老师。

社群发布内容方向：新媒体写作变现。

社群营销方向：799元写作训练营月卡和3650元写作训练营年卡。

接下来给大家讲解AI大模型输出私域属性内容的3个模板，如图5-4所示。

图5-4　AI大模型输出私域属性内容的3个模板

> **对文心一言输入模板一相关信息：**
>
> 请针对下方信息帮我生成私域属性的知识内容，用于激励社群内小伙伴积极发言，同时做好课程营销。
>
> 专属垂类知识分享：新媒体内容创作者想要写出爆款文章，需要做好以下3点。其一，深入了解受众群体，要明白目标受众是谁；其二，设计一个有吸引力的标题和有趣味性的封面；其三，要提供有价值的信息增量，同时保证文章的结构简单明了。
>
> 每周分享预告：本周我们将分享如何打造爆款文章。
>
> 额外补充营销：刘丙润老师更新了新媒体写作训练营课程，现在报名只需要799元/月，有意向报名年卡私教课的伙伴，请私信刘丙润老师。年卡费用为3650元，相当于每天只需10元。

> **文心一言输出：**
>
> 亲爱的社群成员：
>
> 大家好！在新媒体内容创作领域，如果想写出爆款文章，需要做好以下3点：其一，深入了解受众群体，清晰地知道目标受众是谁；其二，有一个吸引人的标题和有趣味性的封面；其三，提供有价值的信息增量，同时保证文章的结构简单明了。
>
> 为了让大家更好地掌握新媒体写作技巧，将会在本周分享如何打造爆款

文章。请大家踊跃发言，积极讨论自己的看法和心得。同时，不要忘记将我们的分享和讨论分享给更多的朋友，让更多的人受益。

现在，我向大家推荐一个非常棒的新媒体写作训练营——刘丙润老师的新媒体写作训练营。这个训练营已经帮助很多学员取得了优异的成绩。现在报名只需要799元/月，性价比很高！如果你想提升自己的写作技能，快来报名，一起学习、交流、成长。

另外，有意向报名年卡私教课的伙伴请私信刘丙润老师。年卡费用为3650元，相当于每天只需10元。这将为你提供更加系统、全面的新媒体写作培训，帮助你更快地实现自己的写作梦想。

最后，感谢大家的支持和参与。让我们一起努力，共同成长！如有任何疑问，请随时在社群内提问或联系我们。期待与大家在本周的分享活动中相聚！

**对文心一言输入模板二相关信息：**

请针对下方信息帮我生成私域属性的知识内容，用于激励社群内小伙伴积极发言，同时做好课程营销。

专属垂类知识分享：新媒体内容创作者想要写出爆款文章，需要做好以下3点。其一，深入了解受众群体，要明白目标受众是谁；其二，要有一个有吸引力的标题和有趣味性的封面；其三，要提供有价值的信息增量，同时保证文章的结构简单明了。

付费课程独特性介绍：刘丙润老师更新了新媒体写作训练营，现在报名只需要799元/月，有意向报名年卡私教课的伙伴，请私信刘丙润老师，年卡费用为3650元。

付费课程性价比介绍：月卡相当于每天需27元左右，年卡相当于每天只需10元。

倒计时增加紧迫感：离训练营开营还有3天，有意向的小伙伴可以第一时间锁定。

**文心一言输出：**

亲爱的社群成员：

大家好！在新媒体内容创作中，想要写出有吸引力的爆款文章，我们需要关注以下3点。

其一，我们需要深入了解受众群体，清楚地知道目标受众是谁。只有深入了解目标受众的需求、兴趣和痛点，才能更好地调整我们的内容创作方向。

其二，一个好的文章需要有吸引人的标题和有趣味性的封面。标题是吸引读者点击的关键，而封面则是给读者的第一印象，需要能吸引读者的眼球。因此，我们需要花些心思在这两个方面，以提升文章的吸引力。

其三，文章的内容应该有价值，同时保证结构简单明了。读者只有从文章中获得一些新的、有用的信息，才会觉得没有浪费时间。同时，清晰明了的结构方便读者快速了解主要内容。

如果你想提升新媒体写作能力，可以参加刘内润老师的新媒体写作训练营，更新后的训练营已经帮助很多学员取得了优异的成绩。现在报名只需799元/月，相当于每天需27元左右；如果报名年卡私教课，只需3650元，年卡相当于每天仅需10元哦。

无论是初学者还是有一定基础的同学，都能在训练营中系统地学习新媒体写作的知识和技巧，提升自己的写作水平。训练营还有3天就要开营了！有意向的小伙伴要第一时间锁定，不要错过这次机会！

最后，感谢大家的支持和参与。让我们一起努力，共同成长！如有任何疑问或帮助，请随时在社群内提问或联系我们。期待在训练营中与大家相聚！

---

**对文心一言输入模板三相关信息：**

请针对下方信息帮我生成私域属性的知识内容，用于激励社群内小伙伴积极发言，同时做好课程营销。

学员问题：购买刘丙润老师的写作培训班月卡能够获得什么？

导师回答：掌握写出爆款文章的方法，通过爆款文章变现及打造IP。

回应延伸：如果资金充足，可以用3650元购买年卡，每天只需10元，享受为期一年的写作培训私教课。

额外补充营销：年卡学员还可以获得刘丙润老师一年期内出版的所有书籍以及制作的相关课程，性价比更高。

**文心一言输出：**

亲爱的社群成员：

大家好！今天我想向大家介绍一个非常棒的课程，那就是刘丙润老师的写作课。购买这个课程，能够得到以下几项丰厚的福利。

首先，你将掌握写出爆款文章的关键技巧。爆款文章不仅能够吸引大量读者，还能帮助你实现写作变现。通过学习刘丙润老师的课程，你也可以创作出既引人入胜又能变现的优秀文章。

其次，你可以学习如何通过爆款文章来打造自己的IP。这将使你的写作成果发挥出更大的影响力，并帮助你扩大自己的影响力。

如果你觉得这个月的培训福利已经足够丰富，那么还有更超值的年卡等你来选择！只需3650元，你就可以享受为期一年的写作培训私教课，每天只需10元。更令人兴奋的是，购买年卡还有更多专属福利：可以免费获得刘丙润老师一年期内出版的所有书籍，同时还包括制作的相关课程。

你还在犹豫什么？无论是为了提升自己的写作技能，还是为了通过写作打造自己的IP，这都是一个不容错过的机会！

最后，感谢大家的支持和参与。让我们一起努力，共同成长！如有任何疑问，请随时在社群内提问或联系我们。期待大家在刘丙润老师的培训班中收获满满！

## 5.4 新媒体平台私域引流技巧

我们能够引流到私域并短期内实现私域变现的平台，主要集中在今日头条、百家号、抖音、快手、小红书、知乎等。内容创作者在不同平台做私域引流时，主要有以下3种方式，如图5-5所示。

方式1　在账号简介栏引导粉丝进入私域

方式2　在评论区回复关键词

方式3　创建粉丝群

图5-5　私域引流方式

**方式 1：在账号简介栏引导粉丝进入私域。**

账号简介栏是粉丝关注创作者的重要渠道，在这里可以引导粉丝通过评论区等方式进入创作者的私域社群。在账号简介栏中，建议大家不要直接使用微信号等联系方式，以免平台要求重置信息。常见平台账号简介栏填写的参考示例如图5-6～图5-9所示。通过领取资料的模式，引导用户先关注我们的公众号（填写时用谐音"公棕"），然后在公众号中设置自动回复功能，引导用户做二次跳转，添加我们的个人微信号。

图 5-6　快手私域引流示范

图 5-7　抖音私域引流示范

图 5-8　小红书私域引流示范

图 5-9　知乎私域引流示范

**方式 2：在评论区回复关键词。**

抖音、快手、小红书、知乎、今日头条、百家号均可在评论区（见图5-10），或内容创作的关键位置（见图5-11），补一句"暗号"，并通过"暗号"领取资料包或对接老师。

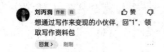

图 5-10　评论区回复示例　　图 5-11　内容创作的关键位置添加"暗号"

### 方式 3：创建粉丝群。

很多新媒体平台都可以通过创建粉丝群的方式来进行私域引流。下面以百家号平台为例。

打开百家号后台主界面，在左侧点击"消息"，然后点击"私信"，如图 5-12 所示；之后点击右上角的"+"按钮，如图 5-13 所示；这样就可以创建粉丝群，如图 5-14 所示。

图 5-12　私信图示

图 5-13　点击"+"按钮　　图 5-14　创建粉丝群图示

在创建粉丝群时，群名称和群简介中不能有联系方式，否则很有可能被解散或被要求重置群昵称。"群审核"建议选中"是"，同时"群权限"建议选中"仅粉丝可进群"。此外,建议以导师肖像作为群头像和账号头像。

在进行私域引流前,要熟悉不同平台的规则,以免因操作不当导致平台对账号进行限流、禁用,甚至封禁。例如,很多平台要求不要过度推广、不要发布虚假信息等。

# AI 商业应用

前面 5 章讲的是如何打造 IP，第 6 章到第 10 章将重点讲解如何借助 AI 实现 IP 商业变现。

# 第6章
# AI+IP 文案，5种途径实现基础收益

对于新媒体内容创作者来说，要想获得收益，目前有5种途径，分别是基础流量收益、商业合作收益、投稿收益、读书收益、图文带货收益。其中更具IP属性的是商业合作收益和读书收益。

> **温馨提醒**
>
> 在带货文调试过程中，讯飞星火认知大模型对故事的逻辑构造能力要略高于文心一言和ChatGPT，为了保证本章内容调试的连续性，我们统一用讯飞星火认知大模型做内容调试。

## 6.1 基础流量收益，把握新媒体时代的红利

在讲解基础流量收益之前，先给大家介绍一下能够获得基础流量收益的八大平台，如图6-1所示。

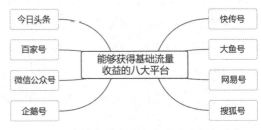

图6-1 能够获得基础流量收益的八大平台

**平台1：今日头条**。今日头条在2022年到2023年更改了结算规则，对头条的图文流量收益进行了大幅度的单价调整，拥有了独家首发功能和非独家首发功能两种不同的体系。今日头条带来的基础流量群体较多，写出爆款文章的概率相对其他平台更大一些。

**平台2：百家号**。百家号平台的审核较严格，非常容易违规犯错。但是百家号的读者群体是依托于百度搜索引擎，流量有保障，更重要的是百家号的图文单价高于今日头条。

**平台3：微信公众号**。微信公众号从理论上来说是含金量较高、单价较高、可变现能力较强、粉丝IP属性较强的平台。目前如果能够持续高质量更新，陆续也能输出爆款内容，进而获得收益。

**平台4：企鹅号**。企鹅号是腾讯旗下的一站式内容创作运营平台，其黄金发展时间在2021—2022年，当时有企鹅号带货、企鹅号专栏等各种官方活动，且对于优质垂直内容的流量补贴更高，但现阶段的流量收益略低。

**平台5：快传号**。快传号属于新兴平台，依附于360公司。在快传号做内容创作时，需要注意的事项较多，但平台给予的各种福利补贴也较多。

**平台6：大鱼号**。大鱼号是阿里大文娱旗下的内容创作平台，偏向于两性情感内容，可在该平台进行图文带货。

**平台7：网易号**。网易号是集高效分发、原创保护、现金补贴、品牌助推于一体的自媒体内容分发和品牌助推平台，其传播力较强。

**平台8：搜狐号**。在搜狐号上，历史、国际相关选题的流量偏高。不过，创作国际内容的风险也较大，很有可能会降低各种分数值，导致无法申请原创。对于新手来说，在搜狐号上创作内容时建议以历史体裁为主。

除以上平台之外，还有其他平台可以获得收益。原则上也能通过写作变现，但因为文章篇幅有限，不做过多讲解。

如何写出能够获得基础流量收益的文章？可以利用以下3种写作结构，

分别是故事体、盘点体和蹭热点体。这3种写作结构对应的模板如图6-2所示。

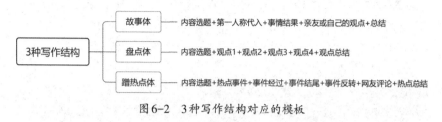

图6-2　3种写作结构对应的模板

用讯飞星火认知大模型对上述模板做调试，在此之前需假定相关内容，内容选题统一设定为：

老旧小区要安装电梯，5楼、6楼住户兴高采烈，1楼住户垂头丧气，甚至因此引发邻里矛盾。具体原因是安装电梯对1楼住户带来的损失过大。所以，最终各楼层住户商议后决定1楼、2楼住户不需要缴纳电梯费用，5楼、6楼住户按比例给1楼住户补贴，总计补贴5万元。

**用故事体写作结构，对讯飞星火认知大模型输入：**

请根据下方内容生成一篇故事体写作结构的文章。

内容选题：老旧小区安装电梯，1楼的大姨坚决不同意。

第一人称代入：大姨到我家诉苦，说老旧小区安装电梯损害了她的权益。

事情结果：5楼、6楼住户给大姨补贴，电梯顺利安装。

亲友或自己的观点：我认为老旧小区安装电梯，1楼住户有损失是必然的，因为1楼住户在购房时就比其他用户多缴纳了一笔费用，所以适当补贴可行。

总结：老旧小区安装电梯是惠民利民的事，但是一定要尽量降低1楼、2楼住户的损失，同时要妥善处理老旧小区邻居之间的矛盾。

**讯飞星火认知大模型输出：**

标题：老旧小区的电梯风波：一场关于权益与和谐的故事

在一个繁华的城市中，有一个老旧的小区，这里的居民大多数是老年人，他们的生活节奏较慢。然而，这个平静的小区因为一件事情变得热闹起来——

安装电梯。

我大姨住在1楼,她是一个典型的老北京人,性格直爽,口齿伶俐。她坚决反对在小区安装电梯,认为这损害了她的权益。她的理由很简单,电梯的安装会影响1楼的采光和通风,而且还会带来噪声和尘土。

大姨的反对引起了其他楼层住户的关注,他们纷纷找到大姨,希望她能改变主意。然而,大姨坚决不妥协。

她到我家来诉苦。我听完大姨的话,心里也很矛盾。安装电梯对于老旧小区来说,无疑是一件惠民利民的事情,然而,我也理解大姨的心情,毕竟她是1楼的住户,她的担忧也是有道理的。

就在大家都陷入僵局的时候,5楼和6楼的住户提出了一个解决方案——他们愿意给我大姨一定的补贴,以此来换取电梯的顺利安装。这个提议得到了大家的支持,大姨也被他们的诚意打动,最终同意安装电梯。

我认为,安装电梯对于老旧小区来说,是一件惠民利民的事情,可以大大提高居民的生活质量,但也不能忽视1楼住户的损失。因为在购房时,1楼的住户比其他住户多缴纳了一笔费用,所以应当给予1楼住户一定的补贴。

最后,我想说,老旧小区安装电梯这件事情,不仅是一个技术问题,还是一个社会问题。在满足大部分居民需求的同时,尽可能地降低对1楼、2楼住户的影响。此外,也要妥善处理老旧小区邻居之间的矛盾,让每个人都能在和谐的环境中生活。希望这个故事能给正面临类似问题的小区一些启示和思考。

---

**用盘点体写作结构,对讯飞星火认知大模型输入:**

请根据下方内容生成一篇盘点体写作结构的文章。

内容选题:老旧小区安装电梯,1楼住户强行阻挠。

观点1:安装电梯可能影响采光和通风,所以1楼住户会反感。

观点2:安装电梯必然会产生噪声,对1楼住户的影响较大。

观点3:安装电梯可能会产生额外的分摊费用,对1楼住户来说,这部分支出是直接的经济损失。

观点4:1楼住户在购房时就比别人多缴纳了一笔费用,现在没有必要为5楼、6楼等高楼层住户的出行不便买单。

> 观点总结：老旧小区安装电梯的本质是利益博弈，做好了惠民利民，做不好则很有可能引发邻里之间的矛盾。这件事如果只讲道理，意义不大。为了推动老旧小区顺利安装电梯，可以由高楼层住户给1楼住户适当的补贴，以实现邻里间的利益平衡。

**讯飞星火认知大模型输出：**

标题：老旧小区加装电梯：邻里之间的利益博弈与和谐共赢

导语：随着城市的发展，老旧小区的改造升级成了一个亟待解决的问题。为了提高居民的生活质量，许多老旧小区纷纷开始安装电梯。然而，这一举措引发了1楼住户的不满。那么，1楼住户的不满到底源于何处呢？我们又该如何化解这一矛盾呢？下面从4个方面进行分析。

一、采光通风之忧

安装电梯可能会影响1楼的采光和通风。对于1楼的住户来说，这是他们较为重视的因素之一。因此，他们会反感安装电梯。

二、噪声扰民之困

安装电梯必然会产生噪声。对于1楼住户来说，长时间的噪声污染会严重影响他们的生活质量。

三、经济负担之重

安装电梯可能会产生额外的分摊费用。对于1楼住户来说，这部分支出是直接的经济损失，他们会觉得不公平。

四、购房成本之辩

1楼住户在购房时就比别人多承担了购房压力。因此，他们认为没有必要再为5楼、6楼等高楼层住户的出行不便买单。

综上所述，加装电梯看似是一件惠民利民的好事，但实际操作中面临着诸多难题。如何在保障居民利益的同时推动老旧小区加装电梯的顺利进行？这需要我们深思。为了实现邻里之间的利益平衡，可以由高楼层住户给1楼住户适当的补贴。这样一来，既能减轻1楼住户的经济负担，又能保障他们的合法权益。同时，通过加强沟通协调，增进邻里之间的理解与支持，共同推动老旧小区加装电梯的顺利进行。

**用蹭热点体写作结构，对讯飞星火认知大模型输入：**

请根据下方内容生成一篇蹭热点体写作结构的文章。

内容选题：老旧小区安装电梯。

热点事件：据新闻报道，a地区的b小区1楼住户普遍反感安装电梯。

事件经过：安装电梯的过程中，1楼住户阻挠安装电梯的进度，这引发了邻里矛盾。

事件结尾：1楼住户同意安装电梯，电梯顺利施工。

事件反转：安装电梯后高楼层住户要求1楼住户均摊电梯费用，引起1楼住户的不满，同时引起舆论关注。

网友评论：了解事情的始末后，b小区1楼住户不愿意安装电梯也在情理之中。本来1楼住户就不使用电梯，同意安装电梯不仅会造成采光、噪声等多种问题，还得自掏腰包，均摊电梯费用。怪不得最开始的时候1楼住户不愿意安装电梯。

热点总结：老旧小区安装电梯本是惠民利民的工程，但如果处理不好就很容易引发邻里之间的纷争。

**讯飞星火认知大模型输出：**

电梯风波：老旧小区改造中邻里的情与理

最近在a地区的b小区上演了一场关于老旧小区安装电梯的"大戏"。这场风波不仅牵动着小区居民的日常生活，更在社交媒体上引发了广泛的关注和讨论。

1楼住户的坚守与担忧

在老旧小区的改造中，安装电梯本是提升居民生活品质的重要举措。然而，b小区的1楼住户对此表示了强烈的反感。他们担心电梯的安装会影响采光、带来噪声，甚至可能带来安全隐患。这种担忧促使他们坚决反对电梯的安装，甚至阻挠了工程的进展。

邻里关系的紧张与矛盾

随着电梯安装工程的推进，1楼住户与高楼层住户之间的矛盾逐渐被激化。高楼层住户渴望尽快享受电梯带来的便利，而1楼住户则坚守自己的立场，双方互不相让，邻里关系变得紧张。

**沟通与理解：达成共识**

在多方协调和沟通下，1楼住户最终同意安装电梯。这一决定不仅让电梯安装工程得以顺利进行，也为小区居民带来了便利。然而，这一和解并非易事，它离不开双方的沟通与理解。通过深入了解彼此的需求和顾虑，双方最终找到了共同的解决方案。

**费用分摊引争议：反转剧情**

就在大家以为这场风波即将平息之际，剧情再次反转。高楼层住户要求1楼住户均摊电梯费用，这一要求立刻引起1楼住户的不满。1楼住户认为自己不使用电梯，却要为此买单，这显然不合理。这一反转不仅让原本和解的氛围再次紧张，也引发了社会的广泛关注和讨论。

**网友热议：情理之中，意料之外**

这一事件在社交媒体上迅速引发热议。许多网友表示，了解事情的始末后，b小区1楼住户不愿意安装电梯也在情理之中。他们本就不使用电梯，却要承担安装和维护的费用，这显然不公平。同时，也有网友呼吁，在推进老旧小区改造的过程中，应更加注重居民的实际需求和利益，避免类似矛盾的再次发生。

**反思与展望：构建和谐邻里关系**

b小区的电梯风波虽然告一段落，但它所引发的思考远未结束。在推进城市更新和老旧小区改造的过程中，如何平衡各方利益、化解矛盾纠纷、实现共赢发展，是需要深入思考的问题。同时，我们也应更加注重邻里关系的和谐与稳定，通过加强沟通和理解，共同营造一个美好的居住环境。

## 6.2 商业合作收益，AI以量取胜，打造甲方满意文案

平台的商业合作是收益的大头儿，以下是我在过去几年承接的部分商业合作项目所得的收益，如图6-3所示。

图 6-3 商业合作收益图示

各平台的商业合作要求对产品的讲解及内容的展示大体相同,下面以百家号平台的一份商业合作的订单信息为例进行讲解,如图 6-4 所示。

图 6-4 订单信息

接下来假定信息如下。

订单价格:1000 元;预计发布时间:2023 年 12 月 31 日。

广告主:某鼠标垫加工厂;所属行业:教育;订单类型:普通商单;内容类型:图文。

产品特点:鼠标垫上有详细的新媒体写作和网文写作知识,另外,购买鼠标垫还能获得为期 3 个月的社群陪伴服务。

品牌介绍:鼠标垫是刘丙润老师的周边产品之一,从 2022 年开始就已经大规模宣发,市场认可度很好,质量也很好。

详细要求:需要以第一人称的方式进行内容创作,正面讲解购买鼠标垫之后给写作带来的种种帮助,以第一人称的方式让用户有沉浸式体验。

补充附件:无。

订单ID：乙方。

挂载组件：暂未挂载。

接下来给大家讲解一下商业合作模板：

**提出问题＋用户案例＋产品解决问题＋服务介绍＋价值主张＋限时优惠**

这里要注意一下，如果不需要售卖鼠标垫或甲方没有给予我们对应销售任务额度，那么限时优惠可以删掉。

---

**对讯飞星火认知大模型输入：**

请根据下述信息帮我生成一份商业合作文案。

提出问题：新手想要通过写作变现，却找不到方法和技巧怎么办？

用户案例：我之前购买了刘丙润老师的写作鼠标垫，通过写作，获得了月入3000元的收益。

产品解决问题：刘丙润老师的鼠标垫搭配了22套资料包、30节大课，且鼠标垫上全都是写作变现的秘籍，帮助新手快速提高写作能力。

服务介绍：购买鼠标垫还能获得专属答疑服务。

价值主张：如果大家有意向通过写作变现，则推荐使用这款鼠标垫。

限时优惠：原价49.9元，现价只需39.9元。

---

**对讯飞星火认知大模型二次输入：**

扩充上述内容，增加可读性和趣味性。

---

**对讯飞星火认知大模型三次输入：**

继续调试上述内容，增加趣味性、可读性的同时，使文章结尾具备营销属性。

---

**讯飞星火认知大模型输出：**

标题：用文字赚钱，"写作鼠标垫"带你开启变现之旅！

你是否想过自己的文字也能带来实实在在的收入？是否在寻找写作技巧的路上感到迷茫和困惑？现在，"写作鼠标垫"开启你的写作变现之旅。

这款看似普通的鼠标垫，实则蕴藏着无尽的知识和智慧。它搭配了22套

> 专业资料包和30节大课，这些都是由业内专家精心准备的写作秘籍。无论你是初出茅庐的新手，还是有一定基础的写作爱好者，都能通过写作秘籍提升自己的写作能力。
>
> 更令人惊喜的是，购买"写作鼠标垫"，你将获得专属的答疑链接服务。无论你在写作过程中遇到任何问题，都可以随时向专业的团队提问，获取实时的帮助和指导。这就相当于拥有了一个随时随地都能联系上的个人导师，让你在写作的道路上更加从容不迫。
>
> 想象一下，你坐在舒适的书桌前，用着"写作鼠标垫"，脑海中充满了写作的灵感和技巧。你的文字才华得到了充分的展现，而且还能带来额外的收入。这样的生活，是不是很让人心动？
>
> 这款神奇的"写作鼠标垫"原价49.9元，现在只需39.9元！这是一次难得的机会，还等什么？赶快行动吧！让我们一起在文字的世界里畅游，实现财富的增长！
>
> 现在就点击购买，开启你的写作变现之旅吧！

商业合作模板可灵活使用，其原因在于合作主要依托于甲方意愿。甲方有不同的诉求和目的，我们就需要调整商业合作生成的宣传文案，其具体方向和诉求并不是一成不变的。

## 6.3 投稿收益——AI速写法

如何找到合适的平台呢？主要有3种方法，如图6-5所示。

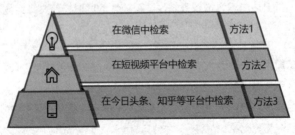

图6-5 找投稿平台的3种方法

## 方法1，在微信中检索。

我们在微信中搜索"投稿"（见图6-6），选择视频号、文章、公众号、小程序中的任意选项，滑动页面就能够找到诸多投稿平台。

图6-6 在微信中检索

## 方法2，在短视频平台中检索。

在抖音、快手、小红书等平台搜索"公众号投稿"，会找到很多博主发布的公众号投稿信息和渠道。根据评论及点赞量等进行综合筛选，从中选择合适的渠道进行投稿，如图6-7所示。

## 方法3，在今日头条、知乎等平台中检索。

这里以今日头条为例。打开今日头条页面，在该页面搜索"公众号投稿渠道"，就能找到大量的投稿平台和资源，如图6-8所示。

图6-7 短视频平台检索示例　　图6-8 今日头条检索示例

可以通过上述3种方法，找到合适的投稿平台。那么如何快速获得投稿收益呢？这里给大家讲解一个实用的模板：

明确主题+以第一人称开篇+核心内容拆解+案例讲解+
提供来源或引用诗句+正能量结尾

在某平台上找到某杂志来稿要求（见图6-9），按模板填入如下关键信息。

明确主题：羊肉泡馍的历史渊源。

以第一人称开篇：作为一位地地道道的陕西人，我想给大家讲解一下羊肉泡馍的故事——羊肉泡馍起源于西周，成名于北宋。

> 来稿要求
>
> 1. 希望稿件是原创，以讲述某种食材为主，可以代入个人的故事、经历和情感等，又非完全私人化的美食写作。
>
> 2. 希望能给读者带来良好的阅读体验，分享食材知识、独特的民俗文化，以及与之相关的自然地理风情等，能够留下有记忆点的阅读感受和情感共鸣。
>
> 3. 字数不宜少于500字，不宜多于3000字。请在邮件中留下姓名和联系方式。
>
> 4. 欢迎自带有版权的高清图片、小视频投稿。

图6-9 来稿要求图示

核心内容拆解：过去祭祀的时候，人们会把粗粮面食等放到羊肉羹中，祭祀结束后，羊肉羹中的粗粮面食也泡化了，味道很特别，这也是羊肉泡馍的雏形。羊肉泡馍作为一道具有悠久历史和丰富文化内涵的传统美食，不仅体现了中国烹饪的精湛技艺和匠心独运，更成了连接人与人的美食纽带。在现代社会，羊肉泡馍的传承和发展仍然具有重要意义。

案例讲解：大家如果来到陕西，去地道的羊肉泡馍馆子里吃饭，老板一般都会提前问你一句"是否需要自己掰馍？"很多老西安人都愿意把馍掰成玉米粒大小，馍掰得越碎，羊肉泡馍吃起来越鲜。

提供来源并引用诗句：北宋著名诗人苏轼留有"秦烹惟羊羹，陇馔有熊腊"的诗句，用来赞美羊肉泡馍的美味。

正能量结尾：中国农业历史博物馆馆长樊志民教授曾说："吃羊肉泡馍不是在吃饭，而是在吃一种文化。"

**对讯飞星火认知大模型输入：**

请针对上述信息帮我生成一篇爆款文章，要求必须以第一人称开篇，且具备可读性。

**讯飞星火认知大模型输出：**

羊肉泡馍：一碗穿越千年的陕西味道

作为一位地地道道的陕西人，每当提及家乡的美食，我的心中总会涌起一股难以言表的自豪。今天，我想和大家分享一道承载了深厚历史和文化底蕴的美食——羊肉泡馍。

羊肉泡馍，这道美食的起源可以追溯到遥远的西周时期。那时举行祭祀活动时，人们会把粗粮面食等放到羊肉羹中，在祭祀结束后，粗粮面食经过长时间的浸泡，不仅吸收了羊肉羹的鲜香，还使得整体口感更加独特。这就是羊肉泡馍的雏形。

随着时间的推移，羊肉泡馍逐渐从祭祀活动中走入寻常百姓家，成了陕西地区的代表性美食。到了北宋时期，羊肉泡馍更是声名远扬，成了人们餐桌上的佳肴。它的独特口感和制作工艺，不仅体现了中国烹饪的精湛技艺和匠心独运，更成了连接人与人的美食纽带。

那么，羊肉泡馍究竟有何魅力呢？给大家举个例子。如果你有幸来到陕西，走进一家地道的羊肉泡馍馆子，老板会热情地问你："是否需要自己掰馍？"这是陕西人吃羊肉泡馍的传统习俗。很多老西安人都愿意亲自把馍掰成玉米粒大小的小块，这样做是为了让馍更好地吸收羊肉汤的鲜香。馍掰得越碎，羊肉泡馍吃起来越鲜。

说到这里，不得不提一句北宋著名诗人苏轼的诗句："秦烹惟羊羹，陇馔有熊腊。"这句诗虽未直接提及羊肉泡馍，却生动地描绘了当时陕西地区的美食盛况。在现代社会，羊肉泡馍的传承和发展仍然具有重要意义。它不仅是一道美味佳肴，更是一种文化的传承和展现。当我们品尝着羊肉泡馍时，不仅是在享受美食带来的愉悦，更是在感受历史的厚重和文化的魅力。

最后，我引用中国农业历史博物馆馆长樊志民教授的一句话作为结尾："吃羊肉泡馍不是在吃饭，而是在吃一种文化。"这句话说得多么好啊，道出了羊肉泡馍的深层意义。让我们一起品尝这道美味的羊肉泡馍，感受它带来的文化魅力和历史底蕴吧！

## 6.4 读书收益——AI精准定位，打造流水线商业内容

目前主流的读书收益方式有拆书稿和荐书稿。两者的区别如下：拆书稿更像是把一本书拆解成若干篇章，或者把一个篇章拆解成若干知识点，通过这种方式来给读者讲解书中的内容，以此来打造IP账号；荐书稿更像是一位推销员，给客户推荐某些特定的书籍，通过用户购买图书的方式来获取提成。

其中，荐书稿和6.5节的图文带货收益方式相似，只不过荐书稿是以图书带货为主，而图文带货可带的品类更多。

拆书稿的常用模板如下：

指定图书或章节+引言+核心内容+实用信息+举例和应用+<br>提供反思+分享和宣传

荐书稿的常用模板如下：

指定图书+介绍图书+提出问题+解决方案+案例分析+<br>利益和价值+呼吁行动

为了便于理解，假定信息如下。

拆书稿和荐书稿均以《结构化写作：新媒体高效写作手册》（后简称《结构化写作》）为例，其中重点讲解了10种写作结构、6种自媒体写作行为规范和8种写作的常见状况，这对于自媒体新人来说有很大的帮助。

---

**对讯飞星火认知大模型输入：**

请根据下方的信息并结合拆书稿模板，帮我生成一篇拆书稿文章。

指定图书或章节：要拆解的图书是《结构化写作》，作者刘丙润，拆解图书的"第5章 盘点体结构：高效写作必备手法"。

引言：这本书非常适合写作爱好者、新媒体从业人员等。

核心内容：盘点体结构是适用于自媒体内容创作者的主要结构之一，我们可以针对一个问题的不同点或针对几个相似案例来做内容创作，方便我们快速创作。

实用信息：盘点体结构一共有3个模板，其中的资源盘点并列式模板是最适合新手的。

举例和应用：比如要写一篇文章，主要内容为中秋月饼，就可以盘点市面上出现的月饼类型并做分析。

提供反思：盘点体结构的文章并不能短时间内提升我们的写作能力，只能用于快速成文。

分享和宣传：如果我们要快速写出一篇文章，而且对于质量的要求没那么高的话，可以试一下盘点体结构。

**讯飞星火认知大模型输出：**

标题：《结构化写作》第5章拆解：盘点体结构，自媒体内容创作利器

导语：今天我们要拆解的图书是《结构化写作》，作者刘丙润。在这本书的第5章中，我们将学习如何运用盘点体结构进行自媒体内容创作。这种结构可以帮助我们快速成文。本书适合写作爱好者、新媒体从业人员等阅读和使用。

一、盘点体结构简介

盘点体结构是一种适用于自媒体内容创作者的主要结构之一。它可以针对一个问题的不同点或针对几个相似案例来进行内容创作，方便我们快速创作。盘点体结构一共有3个模板，其中的资源盘点并列式模板非常适合新手使用。

二、盘点体结构的应用场景

以中秋月饼为例，我们可以盘点市面上出现的月饼类型并做分析。这样的文章可以吸引读者的兴趣，让他们了解到各种不同口味的月饼，从而增加阅读量。

三、盘点体结构的优势与局限

优势：盘点体结构的文章可以帮助我们快速成文。如果我们对写作速度要求较高，对写作质量要求不高的话，可以试一下盘点体结构写作方式。

局限：虽然盘点体结构可以帮助我们快速成文，但它并不能短时间内提升我们的写作能力。因此，在掌握了盘点体结构之后，我们还需要不断地学习和实践，从而提高自己的写作水平。

四、尝试运用盘点体结构进行写作

1. 确定主题：确定文章的主题，例如中秋月饼。

2. 收集信息：收集关于中秋节月饼的各种信息，包括口味、价格、品牌等。

3. 选择模板：根据收集到的信息，选择合适的盘点体结构模板。在这里，我们可以选择资源盘点并列式模板。

4. 填充内容：将收集到的信息填充到模板中，形成一篇完整的盘点体文章。

如果你是一个写作爱好者或新媒体从业人员，那么我强烈建议你尝试一下盘点体结构的写作方式。这种方式简单易学，可以帮助你快速创作出有深度、有吸引力的文章。同时，也可以尝试将盘点体结构与其他的写作方式结合使用，以此来提升你的写作能力。

**对讯飞星火认知大模型输入：**

请根据下方的信息并结合荐书稿模板，帮我生成一篇荐书稿文章。

指定图书：《结构化写作》

介绍图书：图书包括10种写作结构、6种自媒体写作行为规范和8种写作的常见状况。

提出问题：想通过写作来变现，却不知道怎么办。

解决方案：阅读《结构化写作》。

案例分析：已经有数十位小伙伴通过阅读《结构化写作》实现月入过千。

利益和价值：这是一本纯工具书，主要帮大家写作变现的技巧。

呼吁行动：现在购买，只需39.9元，还可以赠送投稿渠道信息。

**讯飞星火认知大模型输出：**

#《结构化写作》：你的写作变现利器

你是否有过这样的困扰：满腹经纶，却苦于找不到合适的表达方式？你是否希望通过写作实现变现,但又不知道如何开始?今天,我要向你推荐一本工具书——《结构化写作》。

《结构化写作》的内容包括10种写作结构、6种自媒体写作行为规范和8种写作常见的状况。从理论到实践,这本书全方位地指导你进行有效的写作。无论你是想通过写作提升自我,还是希望通过写作获得收益,这本书都将为你提供有力的帮助。

已经有数十位小伙伴通过阅读《结构化写作》实现了月入过千的目标。他们中有的是从零开始的新手,有的是有一定基础的写作爱好者,但无一例外,他们都在《结构化写作》的指导下找到了适合自己的写作之路。

《结构化写作》是一本纯工具书,主要目的是帮助你更好地进行写作并通过写作获得收益。它不仅提供了丰富的写作理论知识,而且有许多实用的写作技巧和案例分析,让你在阅读的过程中能够直接应用到实践中。

现在购买《结构化写作》,只需39.9元,还可以赠送投稿渠道信息!性价比超高。如果你也想通过写作获得收益,那么这本书绝对是你不能错过的好帮手。

别再犹豫了,现在就行动起来,让《结构化写作》成为你写作变现的利器吧!

拆书稿和荐书稿相比较而言,拆书稿的知识属性会更多一些,而荐书稿的营销属性会更多一些。之所以出现这种区分,是因为两种创作模式的类型不一样,拆书稿追求长远利益,打造IP身份;荐书稿追求短期利益,打造流量收益。

## 6.5 图文带货收益——AI调试,打造引起读者共鸣的内容

图文带货文章的核心在于打造商业认知,说得通俗一些,就是在一刹那让读者觉得必须立刻下单!只要能打造出这样的商业认知,就可以产生高销量。但也正因如此,图文带货文章相比于普通的新媒体文章或

流量文章而言，要求更严苛一些。为了更好地写出图文带货文章，在这里给大家讲解3个模板，分别是问题引入模板、故事叙述模板和对比式模板，如图6-10所示。

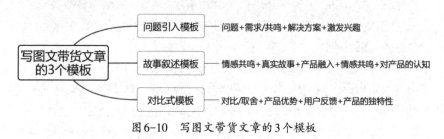

图6-10　写图文带货文章的3个模板

我们对以上模板做详细补充。

**问题引入模板要素**

**问题**：提出一个与产品相关的且日常生活中能够接触到的问题。

**需求/共鸣**：扩大问题的覆盖面，尝试打造引起共鸣的内容，让读者有代入感或参与感。

**解决方案**：详细介绍产品是如何解决上述问题的，及时回应读者的需求。

**激发兴趣**：激发读者对产品的兴趣，引导下单。

**故事叙述模板要素**

**情感共鸣**：开篇用一句话引起读者的共鸣，且具备极大的覆盖面，尽可能多地吸引读者。

**真实故事**：讲述一个围绕产品的真实故事，故事要具有趣味性和感染力。

**产品融入**：在讲故事的过程中，把产品巧妙融入，讲解产品带来的极大便利。

**情感共鸣**：再一次引起共鸣，表现出拥有该产品会有怎样的效果，没有该产品又会有怎样的效果，打造前后反差。

**对产品的认知**：提升读者对产品的认知能力，以此来增加或激发购买欲望。

### 对比式模板要素

**对比/取舍**：引出购买产品前用户纠结的问题，以及对于不同性能的取舍。

**产品优势**：引入新产品，并叙述产品优势，比如新产品巧妙融合了多款产品的优势性能。

**用户反馈**：增加用户对产品的使用体验等多方面的评价，注意以正面反馈为主。

**产品的独特性**：强调产品的独特性，这些独特性要求具备稀缺性且有较高的性价比。

假定以下关键信息。

刘丙润牌水杯，容量大，2500毫升，便于携带，款式新颖，今日促销，买1送1。

以问题引入模板为例，补充如下关键信息。

问题：孩子去学校，水杯容量小，水总是不够喝，晚上回家后大口大口地补水。

需求/共鸣：孩子活动量大，用水多，补水不及时，容易引发身体不适。

解决方案：该款水杯2500毫升大容量，足够学生一天的饮水量。

激发兴趣：性价比极高，今日促销，买1送1，购买水杯后还可以送给亲友。

---

**对讯飞星火认知大模型输入：**

　　假定上述信息，帮助我生成一篇关于刘丙润牌水杯的图文带货文章，要求具备营销属性且引导用户下单。

> **讯飞星火认知大模型输出：**
>
> 亲爱的家长们，你们有没有遇到过这样的问题：孩子去学校，用小容量的水杯，水总是不够喝，晚上回家后大口大口地补水。这不仅不能让孩子及时补水，时间长了还容易引发身体不适。
>
> 为了解决这个问题，我们推荐使用刘丙润牌水杯。这款水杯有2500毫升的大容量，足够学生一天的饮水量。而且，它的价格非常亲民，性价比极高。
>
> 今天，我们还有特别的促销活动——买1送1！这是一个非常好的机会，不仅可以满足孩子的用水需求，还可以送亲友哦！
>
> 赶快行动起来吧！点击下方链接，购买刘丙润牌水杯，让孩子健康成长！
>
> 标题：小学生必备！刘丙润牌2500毫升超大容量水杯，健康陪伴成长。
>
> ［水杯图片］（购买链接）

故事叙述模板和对比式模板生成图文带货文章的效果就不再一一展示了，大家可以自行尝试。但需要额外说明一点，图文带货收益的重中之重是引导用户下单，所以在文章的中间靠后部分或最后部分，一定要有引导用户下单的相关话术。

# 第7章

# AI+IP 视频，
# 实现商业化应用第一步

> 相比文案收益，视频收益和直播收益的效果更好，这也是接下来两章要讲的重点。
>
> ┤温馨提醒├
> 本章需要用到口语化内容创作，同时会用到百家号AI成片功能，为了保证内容输出的一致性，下面选用文心一言进行内容调试。

## 7.1 广告分成，AI辅助出片

以今日头条和百家号为例，看一下广告分成收益的获得方式。

打开今日头条页面，点击左侧的"成长指南"，在"成长指南"中找到"创作权益"，在"创作权益"的右侧找到"视频创作收益"和"视频原创"，如图7-1所示。"视频创作收益"和"视频原创"开通后，就可以按今日头条的相关规则，通过发布视频的方式获取收益，如图7-2所示。今日头条视频创作收益说明中明确指出：产生有效播放可获得视频创作收益。

图7-1 今日头条"创作权益"页面

有效播放一般由播放时长、播放之后的广告点击等多方面数据组成。如果只看实际播放的话,1万播放量的收益为10~100元。

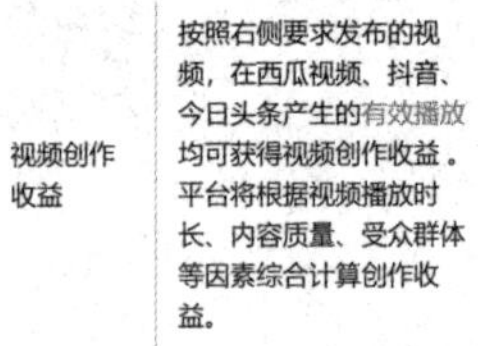

图7-2 视频创作收益说明

打开百家号主页,在左侧的"账号权益"中点击"我的权益",开通"视频广告收益"功能,如图7-3所示。

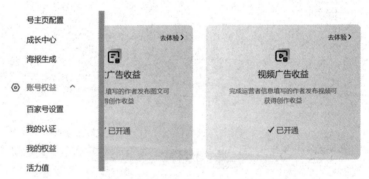

图7-3 开通"视频广告收益"功能

在百家号上,只要完成作者认证,就能通过发布视频的方式获得创作收益,如图7-4所示。百家号发布视频的单价和头条号的单价相差不大,一般1万播放量的收益为10~100元。

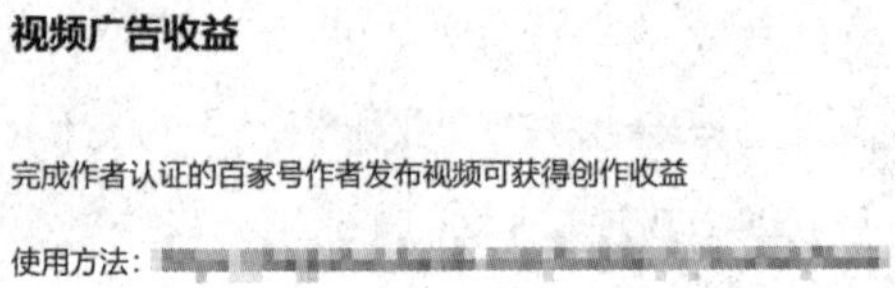

图7-4 视频广告收益说明

除了以上两个平台,B站、企鹅号、快传号、快手、抖音等平台也可以获取收益。

制作视频的工具有很多,这里推荐快影、剪映和百家号的 AI 成片。

下面以我常用的工具——剪映为例,给大家讲解一下如何使用 AI 功能辅助出片。

在浏览器中搜索剪映官网,然后点击进入并下载剪映软件,如图 7-5 和图 7-6 所示。

图 7-5　搜索剪映官网　　　　图 7-6　下载剪映软件

下载并安装完成后,打开剪映的主界面,找到"文字成片"功能,如图 7-7 所示。

图 7-7　找到剪映的"文字成片"功能

为了测试具体效果,先打开文心一言,要求其随机生成一篇视频文案。

**对文心一言输入:**

请以"如何看待写作变现这件事"为选题,生成一篇视频文案。

**文心一言输出:**

写作变现是一种将写作能力转化为实际收入的方式,它可以是写作兼职、写作工作等。对于许多文字工作者来说,写作变现是他们主要的经济来源。

然而，将写作能力转化为收入并不容易。写作变现需要具备一定的写作技能、专业知识，以及对特定领域或主题的深入了解。这就需要投入大量的时间和精力来进行学习、实践和提升自身能力。此外，要想获得写作变现能力，还需要良好的自我营销能力和商业意识。

在进行写作变现前，需要对自己的兴趣和能力进行评估。例如，是否热爱写作并且有出色的文字表达能力？是否对某个领域或主题有浓厚的兴趣和专业的知识？是否能够主动寻找和抓住写作机会，同时能够有效管理自己的时间和缓解压力？

需要注意的是，写作变现不一定适合所有人。尽管有许多成功的文字工作者可以证明写作能够带来稳定的收入，但也有不少人没有成功。这需要对自己的兴趣、能力和目标有清晰的认识和规划。

总之，写作变现具有挑战性和潜在收益，但需要具备相应的技能和素质，并对写作变现有清晰的认识和规划。如果你热爱写作并希望以此为生，那么通过学习和实践，你可以找到适合自己实现写作变现的方式。

复制文心一言输出的内容，并粘贴到剪映的"文字成片"界面。在生成视频前可以根据人物设定选择音频，然后单击"生成视频"按钮，生成的视频，如图7-8所示。

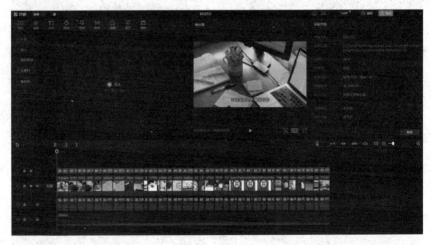

图7-8　生成视频

生成视频之后，可以对文字、视频、音频、背景音乐等进行调整和替换，进而得到理想的视频。

## 7.2 品牌合作，AI辅助创作

品牌方除了邀请创作者参加图文合作，也会邀请创作者参加视频合作。与品牌方进行视频合作的过程中，如何巧妙借助AI工具实现甲方目标呢？

为了便于大家理解，先假定一份视频脚本，打开文心一言。

**对文心一言输入：**
我要写一份关于《结构化写作》的视频脚本，该书介绍了10种写作结构、6种自媒体写作行为规范和8种写作的常见状况，有助于提高写作变现能力。

**文心一言输出：**
以下是一份关于《结构化写作》的视频脚本示例：

【视频开场】

（镜头展示《结构化写作》的封面）

旁白：《结构化写作》，这是一本让你创作的内容变得有条理、有深度、有吸引力的书。今天，将通过这本书，带你了解10种写作结构、6种自媒体写作行为规范和8种写作的常见状况，让你的写作技巧更上一层楼。

【视频主体】

（一）10种写作结构

举例如下。

【结构1】——金字塔结构

（展示金字塔结构示例）

旁白：金字塔结构是逻辑缜密类写作中常用的一种结构。这种结构的特点是结论先行、以上统下、归类分组、逻辑递进，然后逐步展开叙述。

【结构2】——盘点体结构

（展示盘点体结构示例）

旁白：盘点体结构的特点是简单、高效、便捷，可以让我们在短时间内根据不同题材创作出类似的文章内容，而且在短期内实现写作变现。

（二）6种自媒体写作行为规范

举例如下。

【行为规范1】——负面人物谨慎写

（展示负面人物谨慎写示例）

旁白：写负面人物相关文章时要谨慎对待，把握不到位，可能会带来严重的负面影响。

【行为规范2】——保持原创不抄袭

（展示原创性示例）

旁白：原创性是自媒体写作最重要的原则。只有原创的内容才更容易吸引读者阅读，并提高阅读体验。

（三）8种写作的常见状况

举例如下。

【状况1】——标题与内容无关

（展示标题与内容无关示例）

旁白：标题与内容无关是写作中常见的问题之一。我们需要明确文章的主题，并围绕主题行文。

【状况2】——无价值内容不推荐

（展示无价值内容不推荐示例）

旁白：创作内容没有任何价值是写作的大忌。我们要厘清思路，创作有价值的内容。

【视频结尾】

旁白：《结构化写作》这本书是提升自己写作技巧的必备工具。通过阅读这本书，我们可以更好地了解并掌握各种写作结构和技巧，从而使创作的内容更有条理、有深度、有吸引力。

得到上面这份视频文案脚本，且假定甲方对该文案脚本认可，接下来需要把文案脚本进行优化。

其实就是将视频脚本转换成视频文案，主要保留关键标题和旁白内容，可以直接删去多余的说明文字。这样操作后,一份视频对应的专属文案就完成了。

把优化后的视频文案复制并粘贴到剪映的"文字成片"界面中,生成的视频如图7-9所示。根据具体需要对视频进行优化。

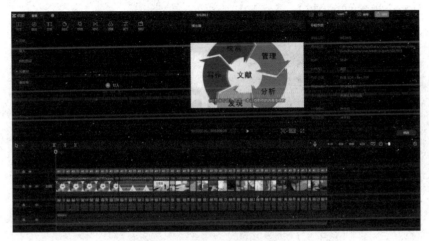

图7-9 剪映生成的视频

接下来讲解文案转视频的5个要点,如图7-10所示。

图7-10 文案转视频的5个要点

**其一,尊重甲方的诉求**。比如在视频中添加对应的画面、插图或视频内容，这些内容甲方会提供相应素材，而创作者需要在对应的关键字、词、句、段的节点处把素材添加进去。

**其二，去掉无关元素**。比如去掉转场特效、情景展示等无关元素，避免直接用文字转视频时，会留下无关元素对应的音频和画面，从而导致整个视频的效果较差。

**其三，文案转视频对文案的要求较高**。视频是一种视觉媒体，要求文案本身能够吸引观众的注意力，可以通过使用生动有趣的词语、形象的比喻、引人入胜的故事等方式来实现。同时要尽可能地引起观众的共鸣，让他们在情感上认可我们的作品。

**其四，不要使用怪异的背景音乐**。一些创作者为了博人眼球，把背景音乐换成颤音等怪异的声音，观众体验感差，整体视频效果不好。

**其五，视频要抓住重点且具备营销属性**。无论是做何种商业视频，营销属性往往是甲方最看重的。即便甲方没有单独要求，仍然需要提示观众如果有意向购买，在某些地方下单或在某些平台上查看。

## 7.3 电商推广，AI辅助引导用户下单

以《结构化写作》为例，在文心一言中做调试，要求其输出《结构化写作》的营销软文，输出内容如下。

【超值推荐】《结构化写作》，提升写作技巧必选！

写作爱好者们，你们是否因不知如何创作一篇逻辑清晰、观点明确的文章而感到烦恼？最近我找到了一本宝藏图书——《结构化写作》，它真的让我受益匪浅！

这本书原价59元，但目前特价只要39.9元！性价比超高！点击左下角的小黄车即可直接购买，让你轻松拥有提升写作能力的神器。

#结构化写作 #写作技巧 #特价好物 #知识分享 #自我提升

把上面最后一段文字去掉,并将文心一言输出的其他内容复制并粘贴到剪映中,生成视频。生成视频之后,在剪映中将视频的尺寸由16∶9(见图7-11)改为9∶16。改后的视频效果如图7-12所示。

图7-11 修改前视频的尺寸　　图7-12 横版视频变竖版视频

注意,电商推广一般以抖音、快手、小红书为主。这3个平台中,竖版视频要优于横版视频,但是当视频由横版转为竖版后就会遇到两个棘手的问题,如图7-13所示。

图7-13 横版视频变竖版视频后出现的问题

解决以上两个问题其实也很简单,问题一的解决方案如下。

在视频的上方添加电商推广的主题,比如添加"新手想要通过写作变现应该怎么办?",如图7-14所示。

在右侧的视频调整界面中,选择"画面>基础"选项卡,选中"背景填充"并选择"颜色",如图7-15所示。此时有4个选项,分别是无、模糊、颜色、样式,其展示效果如图7-16～图7-19所示。

图7-14 解决问题一的效果

图7-15 选择"颜色"

图7-16 无

图7-17 模糊

图7-18　颜色　　　　　　　　图7-19　样式

在抖音、快手、小红书等平台发布竖版视频，如果上下方有大面积的留白，对读者来说很不友好。将留白处设置为样式、模糊等特效，可规避这种情况。

问题二的解决方案是选中文字并将其字号适当增大。

# 第8章
# AI+IP 直播，实现商业化应用第二步

> 文案收益和视频收益都可以估算上限，而直播收益则没有固定的上限。
>
> ┤温馨提醒├
>
> 生成话术时，讯飞星火认知大模型、文心一言和 ChatGPT 相差不大。为了保证内容的连贯性，本章选择文心一言进行内容调试。

## 8.1 AI生成话术，提升虚拟礼物收入

对于新手来说，刚开始直播，还没有形成自己的IP，就火急火燎地卖货，难度极大。所以需要先量身定制IP，生成一整套话术塑造IP，从最基本的直播打赏开始做。如果运作得好，直播时则能够保证万人在线，如果每人消费一元的礼物，这部分收益也是非常可观的。

在直播过程中，想要提高礼物收入，一是在线人数越多越好，二是直播打赏的粉丝越多越好。既要保证在线人数，也要保证粉丝打赏，我总结了6种话术，如图8-1所示。

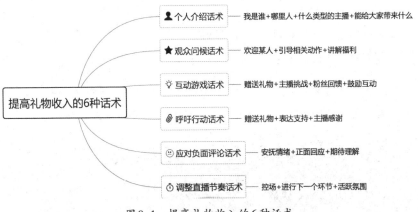

图 8-1　提高礼物收入的 6 种话术

**个人介绍话术**：让观众对主播形成基础认知。我是谁？从哪儿来？在干什么？很多观众都会好奇你在做什么，你是搞笑主播、文艺主播还是知识主播？

**观众问候话术**：刚开始开播很有可能面临直播间只有几个人的情况，别人来看直播，不管给不给礼物，只要来看，就要努力把这个人留住。主播先表示欢迎、感激，然后争取与观众互动。

**互动游戏话术**：主播可以通过小游戏与观众互动，并在玩游戏的过程中，不断给观众抛话题：我表现得如何？大家期待我拿出怎样的成绩？以此来引起观众的注意。

**呼吁行动话术**：其目的是增加收益和流量。例如直播间有 1 万人，但没有任何人送礼物，这时主播可以旁敲侧击地问一下："我们的直播棒不棒？如果大家支持的话可以点赞、送小花助力一下。"

**应对负面评论话术**：一些负面评论不及时回应，会被"黑粉"一直说、一直刷屏，最后会导致更多粉丝变成"黑粉"。所以，负面评论要及时回应。

**调整直播节奏话术**：其目的是推动直播向既定方向发展。例如，你是游戏主播或者聊天主播、娱乐主播、搞笑主播等，讲完一件事之后需要立刻进入下一个场景、下一个画面,则通过话术把握好直播节奏。如果节奏把握不好,就有可能导致节奏拖沓。

接下来假定以下关键信息。

主播是河北衡水人,主要教大家写作变现知识,是知识主播,同时为了提升大家的写作能力,会在直播时玩一些文字游戏,比如猜灯谜。

接下来分别讲解6种话术的模板,然后要求文心一言分别生成3条话术。

◇ 个人介绍话术模板:

**我是谁+哪里人+什么类型的主播+能给大家带来什么**

> **对文心一言输入:**
>
> 请针对下方信息帮我生成3条个人介绍的直播专业话术,要求字数在50字左右。
>
> 我是谁:刘丙润。
>
> 哪里人:河北衡水人。
>
> 什么类型的主播:知识主播。
>
> 能给大家带来什么:写作变现知识。

> **文心一言输出:**
>
> 大家好,我是刘丙润,来自河北衡水的知识主播。今天我为大家带来写作变现的知识分享,帮助大家提升写作技能、开阔视野。
>
> 刘丙润,一个来自河北的、专注于知识分享的主播。今天我会讲解写作变现的技巧,帮助大家在文字中寻找财富。
>
> 大家好,我是刘丙润,来自河北衡水。作为一名知识主播,我擅长指导写作变现。今天我为大家带来实用的知识和技巧,帮助大家用文字创造财富。

◇ 观众问候话术模板:

**欢迎某人+引导相关动作+讲解福利**

**对文心一言输入：**

请针对下方信息帮我生成3条观众问候的直播专业话术，要求字数在50字以内。

欢迎某人：欢迎老刘来到直播间。

引导相关动作：点击左上角关注。

讲解福利：5分钟后参与福袋抽奖。

**文心一言输出：**

欢迎老刘的到来，不要错过任何精彩瞬间，关注直播间，随时互动参与！

感谢老刘来到直播间，点击左上角关注，福袋抽奖等着你！

欢迎老刘，关注直播间，5分钟后可参与福袋抽奖，一起畅享无限惊喜！

◇ 互动游戏话术模板：

赠送礼物＋主播挑战＋粉丝回馈＋鼓励互动

**对文心一言输入：**

请针对下方信息帮我生成3条互动游戏的直播专业话术，要求字数在50字以内。

赠送礼物：大家可以赠送10朵小花或1个墨镜。

主播挑战：主播将给大家表演3个后空翻。

粉丝回馈：榜一粉丝会被邀请连麦。

鼓励互动：鼓励大家赠送礼物。

**文心一言输出：**

大家好，欢迎来到直播间！可以赠送10朵小花或1个墨镜来表达你们的支持吗？

感谢大家的支持！为了回馈大家，我将为大家表演3个后空翻，希望大家喜欢。

非常感谢榜一粉丝的支持！作为特别嘉宾，你将被邀请连麦，与主播进一步互动。

◇ 呼吁行动话术模板：

赠送礼物 + 表达支持 + 主播感谢

> **对文心一言输入：**
> 
> 请针对下方信息帮我生成3条呼吁行动的直播专业话术，要求字数在50字以内。
> 
> 赠送礼物：赠送墨镜。
> 表达支持：表达对主播的支持。
> 主播感谢：主播将会非常感谢。

> **文心一言输出：**
> 
> 大家好，欢迎来到直播间！可以赠送墨镜来表达你们对主播的支持吗？
> 感谢大家赠送墨镜，这是对主播最大的支持！
> 大家好，谢谢你们的到来和赠送的墨镜，我真的非常感动，希望接下来能给你们带来更好的直播内容。

◇ 应对负面评论话术模板：

安抚情绪 + 正面回应 + 期待理解

> **对文心一言输入：**
> 
> 请针对下方信息帮我生成3条应对负面评论的直播专业话术，要求字数在50字以内。
> 
> 安抚情绪：请这位粉丝冷静一下。
> 正面回应：直播状态不好，是因为昨晚没休息好。
> 期待理解：给您道歉了，希望能获得理解。

> **文心一言输出：**
> 
> 亲爱的粉丝，请冷静一下。我今天直播的状态不好，是因为昨晚没休息好，真的很抱歉。
> 非常感谢你的理解和支持。我会尽快调整状态，为你和其他粉丝带来更好的直播内容。

给你道歉了，希望你能理解。我会认真反思并调整自己的状态，确保下次直播为你呈现最佳的状态。

原则上，上面的话术都可以通过人工智能大模型进行生成。但是实际直播过程要灵活应变，无论是通过直播PK还是直播带货，只要有商业行为，必然会有负面评论或负面意见。如果不及时处理这些负面意见，它们就会变成源源不断的差评。这就要求主播有一个正面的态度，第一时间道歉，及时止损，不要掩饰错误。

◇ 调整直播节奏话术模板：

控场＋进行下一个环节＋活跃氛围

**对文心一言输入：**

请针对下方信息帮我生成3条调整直播节奏的直播专业话术，要求字数在50字以内。

控场：上一个环节到此结束。

进行下一个环节：我们开启下一个精彩节目。

活跃氛围：粉丝们，直播间里嗨起来啊！

**文心一言输出：**

上一个环节到此结束，感谢大家的参与和支持！让我们共同期待下一个精彩节目。粉丝们，直播间嗨起来啊！

非常感谢大家在上一个环节中的互动和支持！现在我们将开启下一个精彩节目，希望大家继续享受观看直播的乐趣！

上一个环节已经结束，我们将继续为大家带来更多精彩的节目。粉丝们，让我们一起在直播间里嗨起来吧！

## 8.2 AI生成话术，带动PK氛围

无论是抖音、快手、小红书还是视频号，直播PK获得的收益都比较

高。如果能够掌握关键话术,在直播的过程中带动粉丝打赏,就能获得更高的收益。

想要获得粉丝打赏,带动PK氛围很重要。我总结了5种方式,如图8-2所示。

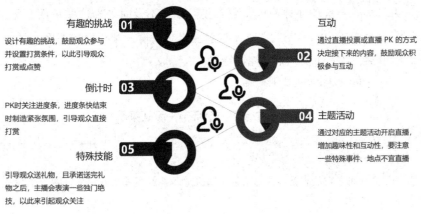

图 8-2 带动PK氛围的5种方式

利用文心一言进行内容调试。

◇ 有趣的挑战模板:

**以输赢为筹码+精彩刺激的活动+鼓励用户参与**

**对文心一言输入:**

请针对下方信息帮我生成3条带动PK氛围的直播专业话术,要求字数在50字以内,且鼓励粉丝积极给主播送礼物。

以输赢为筹码:这次PK我希望能够获胜。

精彩刺激的活动:对方主播将会做50个深蹲。

鼓励用户参与:粉丝宝宝们加油!

**文心一言输出:**

以下是3条带动PK氛围的直播专业话术:

输赢就在一瞬间,宝宝们,送我礼物,让我赢下这场PK,让对方主播感受深蹲的威力！

你们的支持就是我的力量，粉丝们，助力我赢得这场PK，让对方主播做深蹲，展示我们的实力！

这次PK是我与大家共同的战斗，送我礼物，一起打败对手，待我胜利后看深蹲表演！

◇ 互动模板：

**以输赢为筹码+鼓励用户参与+打造群体共鸣**

**对文心一言输入：**

请针对下方信息帮我生成3条带动PK氛围的直播专业话术，要求字数在50字以内，且鼓励粉丝积极给主播送礼物。

以输赢为筹码：这次PK我希望能够获胜。

鼓励用户参与：请粉丝宝宝们踊跃参加。

打造群体共鸣：新人主播不容易。

**文心一言输出：**

以下是3条带动PK氛围的直播专业话术：

输赢就在此刻，我希望能够获胜，粉丝宝宝们，送我礼物，让我感受你们的支持！

新人主播不易，粉丝宝宝们踊跃参加，一起为我加油，送我礼物，让我战胜对手！

这次PK是我向胜利的挑战，粉丝们，你们的每一个礼物，都是我前进的动力，让我们一起创造辉煌！

◇ 倒计时模板：

**以倒计时为筹码+营造紧张氛围+鼓励用户参与**

**对文心一言输入：**

请针对下方信息帮我生成3条带动PK氛围的直播专业话术，要求字数在

50字以内，且鼓励粉丝积极给主播送礼物。

以倒计时为筹码：PK结束倒计时1分钟。

营造紧张氛围：还差200票，快输掉直播PK了。

鼓励用户参与：粉丝宝宝们加油送礼物啊！

**文心一言输出：**

以下是3条带动PK氛围的直播专业话术：

倒计时开始，还有1分钟，PK结果即将揭晓！粉丝们，快送礼物，让我赢下这场战斗！

还差200票，我就要输掉这场PK了！粉丝们，赶紧送我礼物，帮我逆袭！

粉丝宝宝们，你们的支持是我最强大的武器，加油送礼物，让我们一起赢得这场PK的胜利！

◇ 主题活动模板：

**以特殊主题为筹码+鼓励用户参与+赠送额外礼物**

**对文心一言输入：**

请针对下方信息帮我生成3条带动PK氛围的直播专业话术，要求字数在50字以内，且鼓励粉丝积极给主播送礼物。

以特殊主题为筹码：今天是中秋月圆之夜。

鼓励用户参与：粉丝宝宝们抓紧时间送礼物。

赠送额外礼物：PK获胜后，我会在直播间抽10个人赠送月饼。

**文心一言输出：**

以下是3条带动PK氛围的直播专业话术：

今天是中秋月圆之夜，特殊的主题，更加刺激！宝宝们，抓紧时间送礼物，让我赢下这场PK！

此次PK，你们的参与就是我的动力，粉丝们，赶紧送我礼物，一起感受中秋的温暖！

获胜后，我将在直播间抽10个人赠送月饼，送我礼物，赢取额外礼品！

◇ 特殊技能模板：

**以特殊技能为筹码+鼓励用户参与+特殊技能表演**

**对文心一言输入：**

请针对下方信息帮我生成3条带动PK氛围的直播专业话术，要求字数在50字以内，且鼓励粉丝积极给主播送礼物。

以特殊技能为筹码：这次PK获胜之后，我将表演特殊的才艺。

鼓励用户参与：粉丝宝宝们抓紧送礼物。

特殊技能表演：我将给大家表演10个后空翻。

**文心一言输出：**

以下是3条带动PK氛围的直播专业话术：

这次PK，我将用特殊技能回馈大家！获胜后，我将表演10个后空翻，粉丝宝宝们，送我礼物，看我炫技吧！

你们想看10个后空翻吗？那就支持我，送我礼物，让我在这场PK中获胜，大家就能看到精彩表演！

特殊的才艺，10个后空翻，等待你们的支持！粉丝们，抓紧时间送礼物，一起期待这场技能的盛宴吧！

以上5种方式在直播PK过程中，通常能够获得粉丝的打赏，但是这里有6个注意事项，如图8-3所示。

图8-3 直播PK注意事项

注意事项1：无论是直播PK、直播带货还是单纯直播，绝不允许出现诱导、挑唆未成年人送礼物的行为，否则不仅封号，而且不能继续直播。

注意事项2：在直播过程中，平台由于某些因素会扣除部分礼物分成，影响不大建议不要提出疑问。

注意事项3：人工智能大模型生成的话术有时中规中矩，很难带动直播氛围，主播需要进行人工调试，使其符合自己的语言风格。

注意事项4：要求粉丝打赏时，表达不要过于含蓄，在直播过程中我们付出了辛苦、努力，大方些要求粉丝打赏，大家互惠互利。

注意事项5：一些有重大纪念意义的日子不适宜娱乐，主播尽量不要直播。

注意事项6：直播间不得存在违规行为，比如在直播时酗酒、做出危险行为等。如果存在违规行为，很有可能被平台重点针对，导致无法直播。

## 8.3 AI生成话术，提升直播带货业绩

直播带货的利润是非常可观的。以图书为例，直播时，通常图书的佣金率为10%~50%，服装的佣金率为20%~60%，电子器件的佣金率为5%~20%。如果一本书售价60元，佣金率为20%，一场直播卖了100本，收益就是1200元。

如果仔细研究直播带货，就会发现，部分话术和6.5节图文带货的话术相差不大，只不过图文带货是通过图文的方式呈现，直播带货是通过直播的方式呈现。一旦观众认为产品值得购买，就会下单，其间需要主播巧妙地使用话术引导。

下面总结了直播带货的4个模板，如图8-4所示。

图 8-4 直播带货的 4 个模板

**品牌故事模板**：通过引导观众了解产品背后的故事和价值观，强调产品的特色来增加销量。

**解决问题模板**：讲解产品功效及能解决的具体问题，获取观众的信任并引起共鸣，以此增加销量。

**限时促销模板**：通过限时促销活动的方式，比如提供额外赠品或打折销售，引起观众注意，以此增加销量。

**呼吁行动模板**：通过一些技巧话术让观众直接下单购买。

打开文心一言进行调试。

◇ 品牌故事模板：

挖掘品牌背后的故事 + 引起共鸣 + 呼吁下单

---

**对文心一言输入：**

请针对下方信息帮我生成3条带动直播带货的专业话术，要求字数在50字左右，且鼓励粉丝在直播间下单。

挖掘品牌背后的故事：初期以"只卖最低价格的手机"为口号，定位于制造高性价比手机。

引起共鸣：质量好，性价比高。

呼吁下单：点击小黄车购买即可。

---

**文心一言输出：**

以下是3条带动直播带货的专业话术：

抢购正当时！只卖最低价手机的直播间，性价比之王在此等你！赶紧上车,品质有保证!

高性价比手机,让你用最实惠的价格享受最好的品质。小黄车已备好,速来抢购!

高性价比之选,品质有保证!我们的直播间为你带来超值手机。别犹豫,快上车,数量有限!

◇ 解决问题模板:

**挖掘品牌能够解决的问题+扩大问题覆盖面+引起共鸣+引导下单**

---

**对文心一言输入:**

请针对下方信息帮我生成3条带动直播带货的专业话术,要求字数在50字左右,且鼓励粉丝在直播间下单。

挖掘品牌能够解决的问题:解决牙黄、口臭问题。

扩大问题覆盖面:很多人都会遇到的口腔问题。

引起共鸣:跟别人说话时,口气清新。

引导下单:点击小黄车,直接下单即可。

---

**文心一言输出:**

以下是3条带动直播卖货的专业话术:

牙黄、口臭困扰你?这支牙膏一站式解决您的口腔问题,让您的口气清新。赶紧上车,品质有保证!

和他人交流,口气清新信心倍增。选择这支牙膏,让您随时随地保持最佳状态。快来抢购吧!

想拥有美白的牙齿和清新的口气吗?点击小黄车,直接下单,轻松解决口腔问题!

---

◇ 限时促销模板:

**搭建主题+促销商品+营造紧张氛围**

**对文心一言输入：**

请针对下方信息帮我生成3条带动直播带货的专业话术，要求字数在50字左右，且鼓励粉丝在直播间下单。

搭建主题：中秋团圆日。

促销商品：直播间下单可享受7折优惠。

营造紧张氛围：仅剩100单。

**文心一言输出：**

以下是3条带动直播带货的专业话术：

中秋团圆日，特惠来袭！直播间下单享受7折优惠，限时抢购，速速行动！

仅剩100单，抢购倒计时！中秋佳节，为您和家人送上一份心意，赶快下单吧！

团圆中秋，惠不可挡！抢购直播间商品，享受7折优惠，数量有限，不容错过！

◇ 呼吁行动模板：

### 引导下单 + 性价比对比 + 稀缺性对比

**对文心一言输入：**

请针对下方信息帮我生成3条带动直播带货的专业话术，要求字数在50字左右，且鼓励粉丝在直播间下单。

引导下单：大家可以点击左下角小黄车购买。

性价比对比：其他平台售价79元，我们只卖49元。

稀缺性对比：还有100单，卖完即止。

**文心一言输出：**

以下是3条带动直播带货的专业话术：

大家快点击左下角小黄车购买吧！性价比超高，其他平台79元，我们这里只需49元！

> 仅剩100单，只要49元，卖完就没有了！这个价格，这个品质，还在犹豫什么，赶快下单吧！
>
> 粉丝福利，限时限量！49元的价格，您还在等什么？点击小黄车抢购吧！

在直播带货时，以下几点需要注意。

其一，绝不允许售卖不合格或违规产品。这类产品是要承担责任的，甚至会承担刑事责任。

其二，直播带货的相关话术中，不能出现以下关键词：唯一、第一、最高、最好等，一旦判定为虚假宣传，需要承担相应责任。

其三，直播选品时，如果某些产品明显低于市场价格，这时要引起警惕。例如，一本书售价59元，某个小店只卖5元，还给主播2元佣金，这大概率是盗版书。主播一定要远离这样的产品，轻则影响口碑，重则受到相应惩罚。

## 8.4 数字人直播模式，打造无人直播间

如今直播已成为人们进行娱乐、社交和购物等活动的重要渠道。随着人工智能技术的飞速发展，虚拟数字人直播逐渐崭露头角，并开始引领行业新趋势。相较于传统直播，数字人直播在互动性、趣味性和创新性等方面能够为观众带来全新的观看体验。

数字人直播刚开始被炒作的最大噱头就是24小时连续直播、无人直播。对于数字人直播这种新趋势，大家还是要了解其操作的底层逻辑，给数字人直播以时间，其未来的发展可能会超乎我们的预料。

关于数字人直播，市面上的软件相对较多。下面以腾讯智影为例做简单介绍。腾讯智影基于自研数字人平台开发的数字人直播功能，可以实现预设节目的自动播放。同时，数字人直播功能已经接入了抖音、视频号、淘宝和快手的弹幕评论抓取回复功能，能够通过抓取开播平台的

观众评论，并通过互动问答库来快速进行回复。在直播过程中，观众可以通过文本或音频接管功能与数字人进行实时互动。此外，借助窗口捕获推流工具，数字人直播间可以在直播平台开播。

腾讯智影的界面如图8-5所示。在"智能小工具"下选择"数字人直播"，如图8-6所示。在"数字人直播"界面完成两个步骤，分别是新建空白节目和新建直播间，如图8-7和图8-8所示。做好这两步之后去搭建直播间，就可以实现数字人直播了。

图8-5　腾讯智影界面

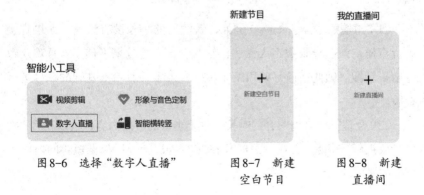

图8-6　选择"数字人直播"　　图8-7　新建空白节目　　图8-8　新建直播间

腾讯智影的数字人直播由多个独立的节目组成，每个节目可以专注于一个商品或多个商品的详细讲解。这些节目可以在不同的直播中循环使用，增加了内容的多样性和直播效率。

使用数字人进行直播时，需要遵守所在直播平台的规则，直播平台不同其规则不同。下面是腾讯智影数字人直播功能的注意事项，如图8-9所示。

图8-9 腾讯智影数字人直播功能的注意事项

（1）调整账号运营策略。例如，新注册的小号没有流量，如果直接进行直播，就会导致数字人无法正常互动，直播效果不佳，并且观众数量增长较慢。因此，最好使用发布过一些内容并有粉丝基础的账号进行直播。

（2）合理安排直播内容的时长。对于丰富的直播内容，可以开启"随机播放视频"功能，并确保总时长在30分钟以上，以降低短时间内内容重复的概率。

（3）结合真人直播。在直播初期，可以选择真人主播出镜或开启真人接管功能，使开播初期的直播内容更加自然、灵动，并避免开播初期的官方审核。

（4）设置互动问题。建议至少设置10条以上的互动问题，涉及多个可能的关键词或直播间互动触发规则，使直播过程中的互动更加丰富，同时保证观众的提问可以得到及时回应。

（5）灵活运用接管功能。好的直播间需要助播和运营人员的监控和辅助，偶尔使用接管功能，打断数字人的直播节目进行接管回复，这样也可以降低被平台监测的风险。

（6）严格遵守平台规范。直播中，数字人只是一个工具，使用这个工具需要多方面的协作，但首先要遵守平台的规则和规范。

数字人直播功能目前仅能替代真人在一些特定场景进行直播，还不能完全取代主播与账号运营的重要角色。尤其对于新手来说，想要快速掌握这项功能并不容易，需要具备多种能力。

# 第9章
# AI+IP 矩阵，实现商业化应用第三步

> 想要打造专业的IP，每天需要持续输出内容，需要专业团队包装，需要营销部门宣传，同时还要拉社群，运营多平台的多个账号。在人工智能应用出现之前，想要实现IP矩阵变现需要有工作室，每个月的成本较高，但人工智能应用的出现减少了人工成本，让IP矩阵变现更容易实现。
>
> **温馨提醒**
>
> 讯飞星火认知大模型在调试过程中，逻辑构造能力和矩阵运营规则制定方面表现较好，为了保证内容的连续性，本章用讯飞星火认知大模型做内容调试。

## 9.1 AI辅助制定规则，实现矩阵规模化管理

实现矩阵规模化管理，有几个要点需要提前了解，如图9-1所示。

第1点，在人工智能应用出现之前，我们写一

第1点 提高矩阵活跃度
第2点 矩阵要有分成
第3点 必须有新人加入
第4点 矩阵账号越多则机会越多

图9-1 矩阵规模化管理的要点

篇文章可能需要花费2～4小时，而人工智能应用出现后，我们创作一篇文章所花费的时间在30分钟左右，这一数据是我结合2023年写作训练营年卡学员的写作速度得出的结论。这就意味着原本完成一篇文章的时间，现在经过高效运用人工智能技术，可以完成4～8篇文章。而按照平台的推荐逻辑和图文内容创作者默认的潜规则，单账号单日的图文输出一般不超过5篇，这就意味着我们原本只够运营一个账号的时间，现在可以运营更多的账号。这样IP矩阵的活跃度就提高了。

第2点，通过矩阵变现或其他商业活动获得的利润，由于这部分是由矩阵拉取的，所以矩阵要有相应的利润分成。

第3点，如果想把矩阵做大做强，那么矩阵内必须有源源不断的新人加入。而新人除了由矩阵实际负责人拉取，对其他核心成员拉入矩阵的行为，则需要给予对应的利润分成。

第4点，矩阵中的账号越多，就越有机会获得更多的利润、商业活动和平台展示机会。比如我有一个度星选MCN服务群，在进行业务合作时，一般会对机构下的账号数量做要求，包括但不限于活跃账号在10个以上，甚至在100个以上，我们的账号数量较多，有更多的机会与平台谈条件，并且能够获得更多的利润。

接下来，以我的情况为例，介绍一下矩阵的具体规则。

规则1：矩阵提现需要扣除一定比例的收益，用于矩阵的手续费及税款等。

规则2：拉新人加入矩阵有相应的奖励，包括商单和平台的流量、加油包等。

规则3：每周日讲解新媒体运营规则，免费对接社群内所有矩阵成员，以此来提高矩阵的活跃度。

规则4：矩阵成员如果连续3周没有创作任何文章或视频，则会被判定为劣质账号，给予一个月的考察期。考察期内仍然没有发表任何文章或视频，则会被驱逐出矩阵。

规则5：矩阵成员不得随意发布负面信息。所有问题私下协商，若无法达成一致，则交由相应平台处理。

为什么矩阵成员越多越好？以百家号为例进行讲解。

打开百家号，在百家号界面上方单击"切换"，如图9-2所示。切换之后，登录MCN平台，要注意，只有企业号有MCN，个人号是没有的。我们进入MCN平台之后，单击"机构等级"进行查看，如图9-3所示。

图9-2 百家号一键切换界面　　　　图9-3 单击"机构等级"

以目前登录的账号为例，其机构等级是B级，如图9-4所示。不同的机构等级有不同的流量标准。

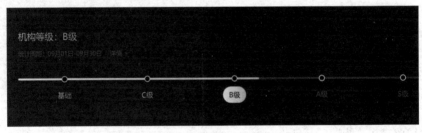

图9-4 查看机构等级

再看一下平台考核等级的维度，比如想要评定为S级，则保证至少有6个万粉子账号、6个优质作者、800篇优质内容且优质内容占比至少为

80%，以及近30天健康度平均值至少为60，如图9-5所示。这里的数据都要求有足够多的矩阵成员，换句话说，想要被平台评定为S级，就要有足够多的矩阵成员。

| 考核维度 | 基础 | C级 | B级 | A级 | S级 |
|---|---|---|---|---|---|
| 万粉子账号数 | 0 | 0 | 1 | 3 | 6 |
| 优质作者数 | 0 | 0 | 1 | 3 | 6 |
| 优质内容量 | 0 | 30 | 100 | 300 | 800 |
| 优质内容占比 | 0 | 20% | 40% | 60% | 80% |
| 近30天健康度平均值 | 0 | 0 | 60 | 60 | 60 |

图9-5 考核维度及要求

再来看一下平台评选规则，如图9-6所示。一般情况下，平台评选时会依据优质作者数、优质内容量、平台配合度及影响力等维度来综合评定。其中平台配合度重点在于是否参与了平台主推的某些矩阵合作或矩阵商业。

展示最近一次平台定级的MCN等级及对应统计周期，即当前生效的机构等级，直接影响机构的权益情况。平台评定的MCN等级为平台结合可量化指标对应的MCN等级，根据MCN旗下优质作者量、优质内容量、平台配合度及影响力等维度综合评定；可量化指标对应的MCN等级是按照符合最低等级的数据项对矩阵进行定级，对应等级处会被点亮。具体等级标准如下：

图9-6 评选规则介绍（部分）

在百家号后台主页单击对应的活动，会发现有一些合作是直接与MCN合作的，这里的合作可以体现对平台的配合度，如图9-7所示。

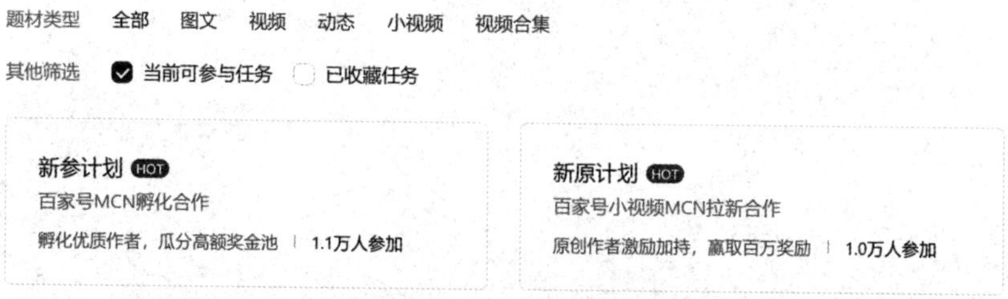

题材类型　全部　图文　视频　动态　小视频　视频合集
其他筛选　☑当前可参与任务　□已收藏任务

新参计划 HOT
百家号MCN孵化合作
孵化优质作者，瓜分高额奖金池 | 1.1万人参加

新原计划 HOT
百家号小视频MCN拉新合作
原创作者激励加持，赢取百万奖励 | 1.0万人参加

图9-7 直接与MCN合作

接下来要求讯飞星火认知大模型制定一份矩阵治理规则，可以简单理解为合同。

> 把上面讲到的重点内容输入讯飞星火认知大模型中，并输入以下内容：
> 请针对双方信息帮我生成一份MCN机构与内容创作者的合同，要明确约定内容创作者的权利和义务，需要承担的责任，以及无法承担责任时对应的惩罚。

**讯飞星火认知大模型输出：**

MCN 机构与内容创作者合同

本合同由以下双方于_____年_____月_____日签署：

甲方（MCN 机构）：_____

地址：_____

联系人：_____

电话：_____

邮箱：_____

乙方（内容创作者）：_____

身份证号：_____

地址：_____

电话：_____

邮箱：_____

鉴于：

1. 甲方作为一家 MCN 机构，具有丰富的内容运营经验和资源；

2. 乙方是一名优秀的内容创作者，具备一定的创作能力和影响力；

3. 双方愿意合作，共同开展内容创作及相关业务。

基于上述情况，甲乙双方经友好协商，达成如下协议：

第一条 合作内容及期限

1.1 甲方将邀请乙方作为其独家签约的内容创作者，在甲方的平台上发布原创内容。

1.2 合作期限为____年____月____日至____年____月____日。期满后，双方可根据实际情况决定是否续签。

第二条 权利和义务

2.1 乙方有权获得甲方提供的创作支持、宣传推广、商业合作等服务。

2.2 乙方应按照甲方的要求，提供高质量的原创内容，并确保内容的合法性、真实性和道德性。

2.3 乙方应遵守甲方制定的相关规定和制度，不得违反国家法律法规和道德规范。

2.4 甲方有权对乙方的内容进行审核、编辑、推荐、宣传等操作，并对乙方的内容质量负责。

2.5 甲方有义务为乙方提供必要的技术支持、市场推广和商业合作机会。

2.6 乙方应配合甲方的工作安排，积极参与相关活动和推广工作。

第三条 责任与惩罚

3.1 如果乙方未按照约定提供高质量原创内容或违反国家法律法规和道德规范，甲方有权解除合作关系，并追究相应的法律责任。

3.2 如果乙方因故无法履行合同约定的义务，应提前____天向甲方提出书面申请，并经甲方同意后方可解除合同。如未经甲方同意擅自解除合同，乙方需支付违约金。

3.3 如因不可抗力因素导致合同无法履行，双方互不承担违约责任。但一方应及时通知对方，并在合理时间内采取适当措施减少损失。

第四条 保密条款

4.1 在合作过程中，甲乙双方应对获取的商业机密、技术秘密和其他保密信息予以严格保密，不得向第三方泄露或用于非合作目的。

4.2 本条款的保密义务在合同终止后仍然有效，直至保密信息进入公共领域或经双方书面确认可以公开为止。

4.3 如一方违反保密义务，应承担相应的法律责任，并赔偿因此给对方造成的损失。

第五条 争议解决与法律适用

5.1 本合同的签订、履行、解释及争议解决均适用中华人民共和国的法律。

5.2 双方在履行合同的过程中发生争议时，应首先通过友好协商解决；如协商不成，任何一方均有权向有管辖权的人民法院提起诉讼。

第六条 其他事项

6.1 本合同___式两份，甲乙双方各执一份，具有同等法律效力。

6.2 本合同自双方签字盖章之日起生效，有效期至____年____月____日。本合同未尽事宜，可由双方另行协商补充。

接下来可以对讯飞星火认知大模型进行细节投喂，比如每个月需要固定参加百家号或今日头条的某些征文活动，配合平台参与的部分活动奖金要按照五五分或三七分。除此之外，还可以添加一些免责条约及合同解除条约。在进行规则创建时，可以巧妙地借助人工智能大模型进行输出。

## 9.2 AI智能调试，实现矩阵文章、视频文案批量收益

先强调一下原创度问题，如果一篇文章有1000字，用了别人300字到500字，则会被系统判定为抄袭。对于抄袭，各大平台之间的惩罚措施不同，需提前了解平台规则。以今日头条为例，如果信用分值低于60分，文章的收益权益将被关闭，如图9-8所示。

简介

发布文章投放广告，可获得创作收益，收益全部归创作者所有。

使用规范

发布违规内容、信用分值低于60分，权益将被关闭。

图9-8　收益权益规则（部分）

如果180天内出现了3次违反文章原创功能的情况，将永久关闭文章原创功能使用权限（见图9-9）。在任何平台，只要出现抄袭，轻则关闭原创权限，重则直接关闭文章收益且没有恢复的可能。

创作者如果违反「文章原创」功能使用规则，平台将扣除20信用分及相应创作收益：

在180天内，若

- 首次违规：扣除20分并给予警告；
- 二次违规：扣除20分并给予警告；
- 三次违规：扣除20分，并永久关闭「文章原创」功能使用权限。

每次违规记录的有效期为180天，若超过180天则该次违规失效，违规次数减一。180天内累计达到三次违规则永久关闭「文章原创」功能使用权限。

图9-9　违反规则的惩罚

因此，我们要在保证原创度的情况下，通过AI调试实现矩阵文章、视频文案的批量创作。

以“为什么街上发传单的人会认真发完，却不把传单丢掉”选题为例，发布的多篇文章效果如图9-10～图9-12所示。

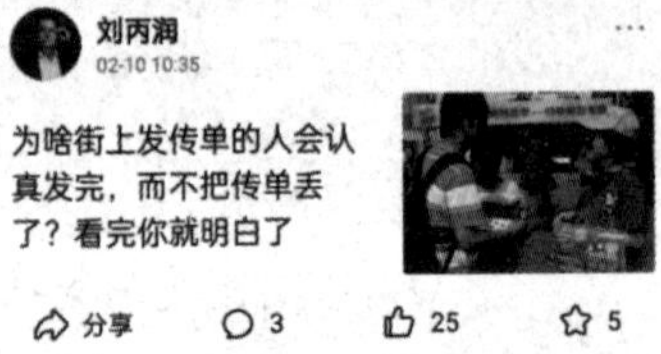

图9-10　效果一

图 9-11　效果二

图 9-12　效果三

当创作者写出一篇爆款文章或者出了一条爆款视频后，总会有人借鉴，把内容精简一下，做出更适合自己风格的内容，并重新写一篇文章或出一条视频。

同理，我们也可以对自己的爆款内容进行重新整理，从而创作一篇新文章。在重新创作的过程中，需要注意原创度至少达到60%，可以针对某个选题，从不同角度、不同观点、不同方向来做内容创作。

在人工智能应用出现之前，想要高效地创作同一选题难度较大。现在在人工智能大模型的辅助下，可以在选题不变的情况下，从其他几个方向生成新的文章。下面介绍保证原创度的8个方向供大家参考，如图9-13所示。

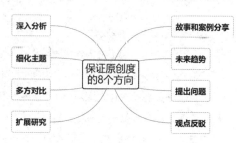

图 9-13　保证原创度的8个方向

**深入分析**：对一件事做

深度的分析和考量，通过一个点带出一个面。

**细化主题**：进一步明确和具体化主题或中心思想，使内容更详尽、深入。

**多方对比**：通过多件事情比较来帮助我们更好地了解事物的本质。

**扩展研究**：对某一话题做广度和深度的拓展，进一步深化对特定主题或内容的理解，引导读者向更深维度考虑。

**故事和案例分享**：通过故事或生活中发生的真实案例来点明主题，确定立场，完善内容。

**未来趋势**：对一件事未来可能出现的发展方向或变化做预测。

**提出问题**：对一篇文章或一个选题做多方向提问，通过提问并答疑解惑来侧面烘托核心主旨。

**观点反驳**：对某个观点或论点进行质疑、反驳或批评，指出其存在的缺陷、矛盾或错误之处。

进行文章创作或视频创作时，当某一个选题成为爆款，这个时候最需要做的不是抓紧时间创作其他的选题，而是重复利用爆款内容，从上述8个方向深入分析，通过AI工具对生成的内容进行多次调整。

为了便于大家理解，我们用讯飞星火认知大模型生成一篇文章。

> **对讯飞星火认知大模型输入：**
> 
> 请以"为什么现在很多餐厅都开始抵制探店主播"为选题，写出一篇自媒体文章。

> **讯飞星火认知大模型输出：**
> 
> 在数字时代，探店主播作为一种新兴职业迅速崛起，他们通过直播或短视频的形式，带领观众探索城市中的各种餐饮场所。然而，随着这一行业的蓬勃发展，一些负面现象也逐渐浮出水面，导致越来越多的餐厅开始对探店主播持抵制态度。今天，我们就来探讨这一现象背后的原因及其对餐饮业的影响。
> 
> 首先，探店主播的能力和影响力是参差不齐的。由于该行业门槛较低，几乎人人可以成为探店达人，这导致市场上出现了大量只追求个人利益而忽

视职业道德的主播。这些主播往往以不买单的方式进行探店，甚至向餐厅索取报酬，这种行为严重损害了商家的利益。

其次，探店主播的账号问题也是不容忽视的。许多主播的粉丝并非精准的本地消费者，这导致他们发布的探店视频流量虽高，但转化率低，无法为餐厅带来预期的宣传效果。

再次，探店主播口碑的问题。市场上不乏有为了利益而推荐低质量餐厅的情况，这种不实的信息传播，使得公众对探店主播的信任度逐渐下降。一旦观众对探店内容产生怀疑，餐厅通过这种方式获得的潜在顾客也会相应减少。

此外，探店主播的活动往往影响餐厅的正常运营，以及其他顾客的用餐体验。他们在拍摄过程中可能会占用过多空间，扰乱店内秩序，甚至影响到其他顾客的隐私权。

面对这些问题，餐厅老板们开始重新评估与探店主播合作的利弊。与其依赖不稳定且效果不明的宣传方式，不如专注于提升菜品质量和服务水平，构建长远的品牌形象。

综上所述，虽然探店主播在初期可能为餐厅带来了一定的关注和流量，但随着行业的发展和问题的显现，餐厅对于探店主播的态度也在发生变化。从热情接纳到谨慎抵制，背后是餐厅对品牌形象、顾客体验与运营效率保护的自我调整。在这样的背景下，未来探店主播与餐厅的合作模式可能会朝向更加专业和规范的方向发展。

**接下来以深入分析这个方向为例，继续对讯飞星火认知大模型输入：**

我对"为什么现在很多餐厅都开始抵制探店主播"这件事有以下4点思考。

其一，探店主播的营销模式是正确的，但有些探店主播会为了个人利益而做不当的宣传。

其二，时代在发展，"酒香不怕巷子深"已成为过去式，饭店老板也要学会主动宣传自家的美食。

其三，饭店老板应该学会探店主播的营销模式，尝试自己打造IP，成为自家店铺的主播，从而提升餐厅业绩。

其四，网络上的营销推广只能是锦上添花，自家饭店的口味好、用料足才是吸引顾客的法宝。

在以上4点思考的前提下，请重新帮我生成一篇文章，且要求这篇文章与上面文章的重叠度不超过20%。

**讯飞星火认知大模型输出：**

随着互联网文化的兴起，探店主播作为一种新兴的营销方式迅速在餐饮行业中流行起来。然而，这种模式并非完美无缺，它所带来的一系列问题也逐渐显露出来。以下是我对当前探店主播现象的4点思考及其对餐饮业的影响。

第一，探店主播的营销模式本质上是一种创新的宣传手段，它能够帮助餐厅迅速提升知名度。可问题在于部分探店主播为了追求个人利益，不惜进行虚假宣传，这种行为不仅误导了消费者，也破坏了市场秩序。

第二，在这个信息爆炸的时代，仅仅依靠传统的口碑传播已经难以满足餐厅的宣传需求。饭店老板必须认识到主动出击的重要性，学习并掌握现代网络营销技能，以便能更有效地推广自家美食。

第三，饭店老板不妨借鉴探店主播的营销策略，自己成为店铺的"代言人"。通过打造个性化的IP形象，结合线上线下的宣传活动，老板们完全有能力将自家餐厅的特色和优势直接传递给消费者。

第四，尽管网络营销推广能够在一定程度上提升餐厅的曝光率，但它并不是万能的。餐厅要想真正吸引并留住顾客，还必须依靠过硬的食品质量和真诚的服务态度。只有菜品口味纯正、用料上乘时，顾客才会愿意反复光顾，口碑自然也会随之而来。

综上所述，探店主播作为餐饮行业的一股新兴力量，既带来了新的机遇也带来了挑战。餐厅老板们应当理性看待这一现象，既要善于利用探店主播的优势，又要警惕其中可能存在的问题。通过自我提升和创新营销策略，餐厅才能在激烈的市场竞争中脱颖而出，实现可持续发展。

## 9.3 AI智能调试，实现矩阵商业合作收益

矩阵的商业合作一般是批量的，而且这类商业合作一般以硬广为主，

主要发今日头条的微头条和百家号的动态，字数一般为300~500字且带对应话题，这时可以用人工智能大模型创作相应内容。如果要求较高，比如某个商业合作的报价超过1000元，且有各种各样的硬性要求，那么用人工智能大模型生成就不合适了。

以某个商业活动为例。矩阵42个成员参与活动，按照每条40元报价，最终有4位矩阵成员没有链接，合计38个成员参与，由此带来的直接利润为1520元（见图9-14），而且这部分利润只需要给矩阵成员分10%~25%即可。

图9-14　矩阵利润展示

因为商业合作的保密性，没办法展示具体内容。为了使用讯飞星火认知大模型生成所需内容，假定商业活动如下。

请为《结构化写作》做营销宣传，书中主要讲解了10种写作结构，以及想通过写作变现所需要注意的行为规范等。原价59元，现价只需29.5元，这是一本纯工具书，对于写作变现有很大的帮助。

具体要求如下。

请写5条图书的带货文案，字数在100字以上。
要求体现出性价比，引导用户下单。
现在购买可以享受5折优惠。
图书主要讲解写作变现知识。

**对讯飞星火认知大模型输入：**

请从性价比、图书折扣力度、工具书的价值、购买者的评论、图书口碑这5个方向帮助我写5条图书带货文案，要求字数在100字以上。

**讯飞星火认知大模型输出：**

1.【文案】

在写作的道路上，你是否遇到过表达不清晰、内容无法打动读者的困境？别担心，《结构化写作》将为你解决这些问题！本书以实用的写作技巧和变现知识为基础，帮助你提升写作能力，让你的文字更有价值。现在购买，即可享受5折优惠，性价比超高！赶快行动，让《结构化写作》助你实现写作梦想！

2.【文案】

口碑之选，写作变现新篇章！《结构化写作》将成为你的好帮手！本书详细讲解了写作变现的知识和方法，让你的文字更具吸引力和说服力。现在购买，即可享受5折优惠！赶快下单，让《结构化写作》助你实现写作变现的目标！

3.【文案】

你是否为写作而烦恼，不知道如何让自己的文字更有吸引力？别担心，《结构化写作》将为你提供答案！本书通过实用的写作技巧和变现知识，帮助你提升写作能力，让你的文字更具条理性和感染力。现在购买，即可享受5折优惠，折扣力度大，赶快下单，《结构化写作》让你在写作路上事半功倍！

4.【文案】

限时折扣，写作变现秘籍！《结构化写作》为你揭开写作变现的奥秘，本书以实用的写作技巧和变现知识为基础，帮助你提升写作能力，让你的文字更具逻辑性和影响力。现在购买，即可享受5折优惠，性价比无敌！赶快下单，让《结构化写作》助你成为写作达人！

5.【文案】

你是否不知道如何提升自己的写作水平？别担心，《结构化写作》将为你指引方向！本书详细讲解了写作变现的知识和方法，让你的文字更有吸引力和说服力。现在购买，即可享受5折优惠，性价比超高，好评如潮！赶快行动，让《结构化写作》助你实现写作梦想！

本节针对的商业合作一般单价偏低，且在10条以上，这种情况适合利用人工智能大模型生成。

矩阵变现最大的好处在于手中有足够多的内容创作者，对于某些量大且要求不高的商业合作，能够从中获得较高的收益。

## 9.4 AI辅助矩阵变现，实现由个人到团队的蜕变

本节重点讲AI辅助矩阵变现的底层逻辑。当使用AI技术完成单个账号的文章创作时，可以说AI辅助账号变现或AI辅助个人变现。但当我们通过AI技术来极大地提高文章的创作效率后，发现一个人能够同时运营3~5个账号，甚至更多个账号时，把这些账号归类到公司中，AI辅助矩阵变现就成型了。

AI辅助矩阵变现的优势主要体现在以下4点，如图9-15所示。

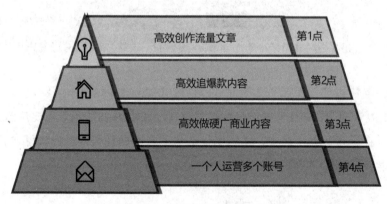

图9-15　AI辅助矩阵变现的优势

第1点，AI可以高效地帮助创作者创作流量文章，通过编故事、做总结的方式获得各大平台的基础流量收益。

第2点，AI可以高效地追爆款内容，不仅包括平台的热点内容，还包括故事体文章中的爆款选题。

第3点，AI可以高效地帮助创作者做硬广商业内容，尤其是对账号

数量有要求，对文章质量要求不高的商业合作，能够获得较高收益。

第4点，AI可以实现一个人运营多个账号。比如每个账号更新5篇文章，创作每篇文章约使用20分钟，一天按8小时计算，可运营的账号4～5个。

接下来说明一下两个平台矩阵变现的核心权益。

**百家号**：一定要开通统一提现功能，方便多账号运营时，收益能够汇总到公司而不是个人，防止出现后期的收益纠纷问题。具体方式为打开百家号后台主页，邀请子账号加入矩阵，选择"强制父账号统一提取"功能，如图9-16和图9-17所示。

图9-16　邀请子账号　　　　图9-17　选择"强制父账号统一提取"功能

**今日头条**：在后台主页单击"功能实验室"中的"MCN管理"，在"MCN管理"中对账号进行统一提现设置，如图9-18所示。需要注意的是，在今日头条平台上，需要积极参与平台活动且获得平台认可之后，才能够开通对应权限。

图9-18　MCN管理界面

通过矩阵变现时，要保证矩阵的收益最终能够汇总到公账上。

## 第10章

# AI 辅助 IP 商业化应用进阶版，跑通底层逻辑

打造IP就像打造出了一个口碑、一个名号，比如只要提到写作，就会想到某某老师；只要讲到家居装修，就会想到某位行业导师……下意识想到的那个人，其实已经塑造了IP。

**温馨提醒**

讯飞星火认知大模型在做IP规划时逻辑更清晰，相对调试步骤更少一些。为了保证内容的连续性，本章我们用讯飞星火认知大模型做内容调试。

## 10.1 精准定位发展方向+方向迭代

使用精准定位五步法，可以规划自己的IP发展路线，如图10-1所示。

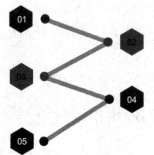

**自我评估**
对自己进行全面评估,包括兴趣、价值观、技能、优劣势等

**设定明确目标**
基于评估的结果明确可量化的发展目标,包括短期目标、长期目标,也包括职业、学习、个人生活等方方面面

**市场调查研究**
通过调研市场和同行,确定能否走个人IP发展这条路

**制订行动计划**
一般以7天为一个周期,制订一份详细且周密的打造IP的计划

**寻求反馈**
根据团队和学员的反馈意见调整打造IP的计划

图10-1 精准定位五步法

对讯飞星火认知大模型投喂以下数据。

刘丙润,丙润传媒创始人、写作培训导师。曾进行数百次公益写作内容分享,先后担任小说写作营、写作训练营、小说一对一改稿导师,培训付费学员3000+,培训免费学员10000+,组织并撰写"零基础写作课"等多个课程,有丰富的自媒体教学经验。全网粉丝上百万,文章累计阅读量破2亿,先后获得诸多奖项,已出版作品《结构化写作》,更多作品即将出版。

> **对讯飞星火认知大模型输入:**
> 　　针对上述信息,请帮我精准定位发展方向,包括自我评估、设定明确目标、市场调查研究、制订行动计划、寻求反馈。
> 自我评估:包括兴趣、价值观、技能、优势、劣势等分析。
> 设定明确目标:包括短期目标和长期目标。
> 市场调查研究:找到对标IP及对标IP的发展状态。
> 制订行动计划:按周来制订计划。
> 寻求反馈:收集团队和学员的反馈意见。

> **讯飞星火认知大模型输出:**
> 　　一、自我评估
> 　　1.兴趣:我对写作变现领域有浓厚的兴趣,喜欢通过文字表达自己的观

点和想法,也希望能将自己的想法转化为实际的收益。

2. 价值观:我认为知识和技能是人生最宝贵的财富,通过学习和实践不断提升自己,实现个人价值和社会价值的双重提升。

3. 技能:我具备较强的文字表达能力、逻辑思维能力和学习能力,同时具备一定的市场敏感度和分析能力。

4. 优势:我具有较强的自学能力和执行力,能够在短时间内掌握新知识并付诸实践。

5. 劣势:我在团队协作方面还有待提高,需要加强沟通能力和团队意识。

二、设定明确目标

短期目标(1~3个月):

1. 综合自己的优劣势及拥有的资源,确定初步发展方向。
2. 了解市场需求,分析潜在客户群体和竞争对手。
3. 制定个人品牌推广策略,提高个人知名度。

长期目标(3~12个月):

1. 建立稳定的客户群体,实现变现目标。
2. 深入了解行业动态,持续优化个人品牌推广策略。
3. 提升团队协作能力,拓展合作伙伴资源。

三、市场调查研究

1. 对标IP:参考行业内知名作家、自媒体人等的成功案例,学习他们的经验和方法。
2. 对标IP的发展状态:关注这些IP的动态,了解他们的最新作品、活动、合作等情况。
3. 市场趋势:分析行业发展趋势,把握市场需求变化,为自己的发展方向提供指导。

四、制订行动计划

第1周:深入分析自身优劣势及拥有的资源,确定初步发展方向。
第2周:分析市场需求,确定目标客户群体。
第3周:制定个人品牌推广策略,进行初步推广。
第4周:收集市场反馈,优化推广策略。
第5周:拓展合作伙伴资源,寻求合作机会。

第6~8周：持续优化推广策略，提高转化率。

第9~12周：总结经验教训，调整发展策略。

五、寻求反馈

1. 团队反馈：定期与团队成员沟通，了解市场动态和客户需求，及时调整发展方向。

2. 学员反馈：关注学员的需求和意见，了解他们对课程内容和教学方法的满意度，不断优化课程内容和教学方式。

**对讯飞星火认知大模型输入：**

请帮我制定一套完整的IP发展规划，以7周为一个周期。

我的初步预期为每日至少更新3篇文章、1条视频，且希望在未来2~4个月售卖专栏课程和周边产品。

**讯飞星火认知大模型输出：**

以下是一个基于您需求的7周IP发展规划：

第1周：

1. 确定您的IP定位和核心内容，例如分享专业领域的知识、实用的技巧等。

2. 设定目标为每日更新3篇文章和1条视频。

3. 开始撰写第一篇文章和录制第一条视频，确保质量和内容符合定位标准。

第2周：

1. 发布第一篇文章和第一条视频，观察反馈和数据表现。

2. 根据第1周的数据，分析用户喜好和需求，调整文章内容和视频主题。

3. 制订后续文章和视频的创作计划，确保每日更新目标的实现。

第3周：

1. 继续发布文章和视频，观察数据变化。

2. 根据第2周的数据优化文章结构和视频内容，提高用户满意度。

3. 筹备专栏课程和周边产品，与团队成员沟通合作事宜。

第4周：
1. 完成专栏课程的大纲和教学计划，准备相关资料和素材。
2. 开始设计周边产品，与设计师沟通需求和设计方案。
3. 撰写第一篇专栏课程文章，为后续创作做好准备。

第5周：
1. 发布专栏课程文章，观察用户反馈和数据表现。
2. 根据文章反馈调整专栏课程内容和结构，提高用户的学习效果。
3. 继续推进周边产品设计进程，确保按时完成目标。

第6周：
1. 完成专栏课程的剩余文章，确保所有内容准备就绪。
2. 开始录制专栏课程的视频，邀请专业人士进行讲解。
3. 检查周边产品设计稿，与设计师沟通修改意见。

第7周：
1. 发布剩余的专栏课程文章和视频，观察整体数据表现。
2. 根据7周的数据反馈总结经验教训，为后续发展提供参考。
3. 完成周边产品设计，与团队成员进行测试和优化。
4. 准备下一周期的工作计划，确保每日更新目标的实现。

对人工智能大模型输入的关键信息越多，所得的结论就越完善。即便如此，在人工智能大模型生成一份发展规划后，仍需要进行人工调节，以确保关键信息不出问题。

做出相对精准的发展规划后，由于个人的情况在不断变化，这时就需要做方向迭代，也就是及时更新未来的发展规划。

方向迭代的常用方式为层进式问答，即"是什么+为什么+怎么办"，符合提出问题、分析问题、解决问题的创作思路。接着对人工智能大模型进行提问，让它帮我们答疑解惑。

**分别对人工智能大模型进行以下调试：**

调试一：作为写作导师，我的发展前景如何？

调试二：能否针对该方向帮我制订一份属于我的成长规划方案？我的空

闲时间为：每周一到周三晚上8点到10点；每周四和周五晚上7点到11点；周六、周日全天。

**讯飞星火认知大模型最终输出：**

当然可以！根据您的时间安排，以下是一个适合您的成长规划方案：

周一至周三（晚上8点到10点）：

- 花30分钟阅读优秀的文学作品，包括小说、散文和诗歌等。这可以帮助您提高写作技巧和文学素养。

- 每周一和周三晚上花1小时创作文章。可以选择写故事、随笔或进行其他创意写作，让自己的创作更多元化。

周四和周五（晚上7点到11点）：

- 花30分钟研究目标读者和市场需求。通过阅读市场调查报告、分析社交媒体和与读者互动，了解目标读者的需求和兴趣，为创作提供指导。

- 花1小时构思选题。选择一个有趣且具有市场潜力的主题，并进行深入的研究，确保作品的独特性和吸引力。

周六和周日（全天）：

- 在周六专注于完善作品，进行多次修改，确保作品的质量。

- 每周六和周日晚上花1小时进行营销推广。制定一个有效的营销策略，包括在线广告、社交媒体推广等活动，以吸引更多的读者。

此外，还有一些额外的建议：

- 利用碎片时间进行学习和提升。例如，在通勤途中或等待他人时，阅读相关的写作指南、参加在线写作课程或听有关写作的播客等。

- 参加培训班、研讨会等，与其他创作者交流经验和互相学习。阅读相关书籍和文章等资料，保持对行业的敏感度。

请记住，这个成长规划方案只是一个起点，您可以根据个人情况和需求进行调整和扩展。

给人工智能大模型一个方向，方向确定之后，只需要输入关键信息，要求人工智能大模型使用层进式问答，它就能帮助我们做方案规划和方案迭代。

## 10.2 AI辅助实现核心内容短平快持续输出

无论是创作文章、视频，还是通过直播进行商业变现，只要在自媒体平台上创作，基本流程大致分为12步：

第1步，确定选题和主题；

第2步，确定目标和受众；

第3步，为需要创作的内容做市场调研；

第4步，准备相关素材；

第5步，制定大纲或内容摘要；

第6步，准备草稿，即需要展示出来的创意设定；

第7步，进行内容创作、编辑和修订；

第8步，增添细节及相关的重要检索信息；

第9步，对内容进行审查校对；

第10步，创作具备爆款属性的标题或封面；

第11步，在文章、视频、直播的开篇或结尾增添引导关注话术；

第12步，对内容格式进行调整，如排版文章、剪辑视频、调试直播背景等。

AI可以辅助创作者完成上述绝大部分的准备工作，具体调试在前面已经讲过，此处不再赘述。本节将重点讲解如何短平快持续输出核心内容，主要包括两种方式：其一，不断想出新的知识点进行内容输出；其二，把一个知识点拆分成若干知识点持续输出。这两种方式都可以通过AI辅助完成。下面以第二种方式为例进行讲解。

打开讯飞星火认知大模型，假定关键信息如下。

刘丙润，从2015年开始做新媒体写作变现的指导教程，一直到2023年，在新媒体行业从业9年，出版了多本书，重点讲解写作结构、写作方式及写作技巧，旨在通过写作的方式来帮助大家获得持续收益。2019年开始涉猎视频、直播等其他自媒体变现领域,并在2020年、2021年开设多期视频培训班。

把上述信息输入讯飞星火认知大模型中。

**采用统一话术进行提问:**

请针对我的个人介绍,帮我构思至少10个可创作的内容选题。

**讯飞星火认知大模型输出:**

1. 新媒体写作变现指南:刘丙润老师的经验分享

2. 如何运用写作技巧实现持续收益?刘丙润老师为您解析

3. 刘丙润老师谈视频、直播等自媒体变现领域的发展趋势

4. 从写作到视频制作:刘丙润老师的跨领域探索之路

5. 刘丙润老师教你打造个人品牌,提升写作影响力

6. 新媒体写作变现的关键:刘丙润老师的专业指导

7. 刘丙润老师带你了解新媒体写作行业的发展趋势与机遇

8. 如何在新媒体行业中脱颖而出?刘丙润老师的实战经验分享给你提供方法

9. 刘丙润老师教你运用写作技巧提高文章的阅读量和转化率

10. 新媒体写作变现的秘诀:刘丙润老师的专业课程回顾与展望

**进行二次调试,对讯飞星火认知大模型输入统一话术:**

请将输出的第1个选题拆分出至少10个可创作的内容选题。

**讯飞星火认知大模型输出:**

1. 刘丙润老师的新媒体写作之旅:从0到1的蜕变

详细介绍刘丙润老师如何从2015年开始涉足新媒体写作,并逐步成为该领域的专家。

2. 揭秘新媒体写作变现的核心技巧

深入剖析刘丙润老师所传授的写作结构、方式及技巧,并解释它们如何帮助创作者变现。

3.写作结构的重要性：如何构建引人入胜的文案

专注于刘丙润老师所强调的写作结构，分析其对吸引读者和增加点击率的影响。

4.从文字到收益：新媒体写作的商业化策略

探讨刘丙润老师如何将写作与商业变现结合，包括广告、赞助和产品销售等策略。

5.视频时代的写作新趋势：刘丙润老师的观点

分析在视频和直播等兴起后，写作在新媒体中的新角色和发展趋势。

6.刘丙润老师的视频文案写作培训班：实战经验分享

介绍刘丙润老师在2020年和2021年开设的视频培训班内容，以及学员们的反馈和收获。

7.新媒体写作与自媒体变现的融合之道

探讨如何将新媒体写作与自媒体变现结合，实现内容价值最大化。

8.持续收益的秘密：刘丙润老师的长期写作策略

分享刘丙润老师如何通过持续写作和不断学习，保持在新媒体领域的竞争力。

9.新媒体写作中的心理战术：吸引和留住读者

分析刘丙润老师如何利用心理学原理在写作中吸引和留住读者。

10.案例研究：刘丙润老师学员的变现之路

通过具体案例，展示刘丙润老师的学员们如何应用他的教学经验，成功实现新媒体写作变现。

人工智能大模型对于内容创作的速度有目共睹，大家可以通过投喂关键信息+可创作内容选题+内容选题裂变的方式来实现选题的批量创作，从而实现核心内容短平快持续输出。

## 10.3 AI辅助社交媒体推广，提高IP知名度

内容创作者可以通过AI辅助社交媒体推广，提升IP的知名度，我总结了七步法，如图10-2所示。

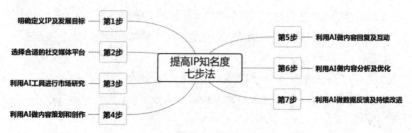

图 10-2　提高 IP 知名度七步法

**第 1 步，明确定义 IP 及发展目标。**

关键信息如下。

自媒体博主王三，希望通过打造 IP 变现，其 IP 发展目标为旅游博主，他游遍祖国大好河山，同时具备丰富的旅游和野外生存经验，对于各地的旅游景点如数家珍，能够帮助粉丝朋友们在旅游的过程中少踩雷。

**第 2 步，选择合适的社交媒体平台。**

选择的图文自媒体平台以今日头条、百家号、小红书、微博、公众号、企鹅号等为主。

选择的视频自媒体平台以抖音、快手、小红书、今日头条、百家号、B 站等为主。

选择的直播自媒体平台以抖音、快手、小红书、视频号等为主。

小红书目前的发展战略规划可以说是两头走，既发展图文也发展视频。视频号作为新型平台与微信紧密地绑定在一起，这就意味着只要微信有市场生存空间，视频号就会有市场生存空间。

新型平台往往因为规则不完善等各种问题，导致入驻的创作者较少，所以平台出于推广需求，通常会给内容创作者提供更多的福利。对于新人来说，想要打造 IP，可以尝试一些新型平台（如视频号）。

**第 3 步，利用 AI 工具进行市场研究。**

进行市场研究可以使用 SWOT 分析法，相应的模板如下。

## 投喂受众需求信息+分析主要竞争对手+收集受众反馈+
## SWOT分析+总结创意思考方向

对讯飞星火认知大模型投喂关键信息如下。

年轻人喜欢旅游的原因如下。

探索欲：年轻人通常具有较强的好奇心和探索欲，他们希望亲身体验不同的文化、风俗和风景，开阔自己的眼界，增长见识。

冒险精神：年轻人往往充满冒险精神，他们喜欢挑战自我，尝试新的事物和经历。旅游可以提供一种安全的环境，让他们体验冒险的乐趣。

社交需求：旅游是一种社交活动，年轻人可以通过旅游结识新的朋友，拓展社交圈子。在旅游的过程中，他们可以与不同背景和文化的人交流，加深彼此的了解。

放松心情：人们的生活压力较大，年轻人需要寻找一种方式来放松身心，缓解压力。旅游是一种愉快的体验，让他们暂时远离日常生活的烦恼和压力。

---

**对讯飞星火认知大模型做如下调试：**

分析主要竞争对手：市面上常见的旅游博主以视频为主，通过展示祖国的大好河山来实现涨粉的诉求，进而获得收益。

收集受众反馈：粉丝对视频内容非常认可。部分粉丝认为通过看旅游博主的视频，足不出户就可以了解祖国的大好河山，还有一部分粉丝正是根据视频博主拍摄的视频来确定旅游目的地。

SWOT分析：请针对该现象帮我做SWOT分析。

总结创意思考方向：为我量身制订一份旅行博主的IP发展规划。

---

**讯飞星火认知大模型输出：**

SWOT分析：

优势（Strengths）：

1.利用社交媒体平台,可以快速获取和分享信息。

2.可以通过视频、文字、图片等多种方式展示旅行体验,吸引不同类型的受众。

3.不需要承担旅行的经济压力,只需投入时间和精力。

4.可以通过粉丝的反馈调整内容策略,提高受众满意度。

劣势(Weaknesses):

1.依赖社交媒体平台的推荐机制,流量不稳定。

2.需要持续产出高质量内容,才能留住和增加粉丝。

3.对于一些偏远或难以到达的目的地,可能无法进行深入探索。

机会(Opportunities):

1.随着互联网的发展,越来越多的人愿意在网上查询旅行攻略,这为旅行博主提供了广阔的市场。

2.如果能够打造出独特的旅行风格和品牌,有可能吸引更多的粉丝和商业合作。

威胁(Threats):

1.市场上已经有很多成熟的旅游博主,竞争压力大。

2.社交媒体平台的算法经常变动,可能会影响内容的曝光率。

3.如果过于依赖广告收入,可能会失去粉丝的信任。

IP发展规划:

1.内容创作:以独特的视角和深入的旅行体验为主,打造个人品牌。可以尝试不同的内容形式,如视频、文字、图片等,以满足不同类型受众的需求。

2.社区建设:通过社交媒体平台建立粉丝社区,鼓励粉丝分享自己的旅行体验,增加互动和提高参与度。

3.寻找合作伙伴:与旅游公司、酒店、航空公司等相关企业合作,提供旅行建议和服务,同时可以获得赞助和支持。

4.品牌推广:通过参加旅游展览、发布旅行攻略等方式,提高个人品牌的知名度和影响力。

5.变现方式:除了广告收入,还可以考虑通过销售旅行产品(如旅行用品、纪念品）、开设付费会员服务、推出个人旅行产品（如定制旅行、主题游）等方式进行变现。

我们可以继续调试：量身制定IP发展规划，尽最大可能与其他的视频博主做到差异化。

对于上述内容，可以进行多次调试，其主要目的是为我们提供更多灵感。现在的自媒体行业相对内卷，树立具有差异化的IP变得尤为重要。

**第4步，利用AI做内容策划和创作。**

做内容策划和创作时，有很多的方法或模板可以套用，例如内容=价值+情感、AIDA模型、70-20-10法则等。

**内容=价值+情感**：内容包括但不限于信息、知识和观点，一般以学术型干货为主；价值是指由内容产生的相应价值；情感则倾向于由具体内容产生的主观感受和情绪波动。

**AIDA模型**：该模型原是描述消费者从接触外界营销信息到完成购买行为过程中所经历的4个阶段，但可以将其应用在我们的内容策划中。其中，A（Attention）是指引起注意，包括但不限于潜在读者的注意，通过"埋钩子"、留伏笔的方式，让读者对我们的文案产生兴趣；I（Interest）是指让读者产生阅读兴趣，让他们对产品或服务产生好奇；D（Desire）是指激发读者的阅读欲望；A（Action）是指引导读者进行下一步的行动，如关注账号、购买产品等。

**70-20-10法则**：在内容创作时，要保证70%的内容是对粉丝有价值的基础信息；20%的内容是具有一定深度的专业知识，以此增加粉丝的信任度；10%的内容要有独特的见解或创意。

> **对讯飞星火认知大模型输入：**
>
> 已知70-20-10法则是70%的内容是对粉丝有价值的基础信息，20%的内容是具有一定深度的专业知识，10%的内容要有独特的见解或创意。
>
> 请按照该法则帮我创作一套符合我的IP发展规划的内容策略。

**讯飞星火认知大模型输出：**

根据70-20-10法则，我们可以制定出下面这套符合IP发展规划的内容策略：

1. 基础信息（70%）：这部分内容应该包括IP的基本信息，如名称、创建者、成立时间等。同时，也可以包括IP的核心价值观、目标受众、主要功能或服务等。此外，还可以包括一些关于IP的历史背景、发展过程、取得的成就等。这些信息可以让粉丝更好地了解你的IP，建立对IP的信任感和认同感。

2. 专业知识（20%）：这部分内容应该包括IP专业领域的知识和信息。例如，如果你的IP是教育类的，那么你可以分享一些教育理论、教学方法、学习技巧等内容；如果你的IP是科技类的，那么你可以分享一些科技新闻、技术趋势、产品评测等内容。这些专业知识可以让粉丝有更多的收获，同时也可以提高他们对IP的认可度和忠诚度。

3. 独特见解或创意（10%）：这部分内容主要包括你提出的一些独特见解或者有创意的内容。例如，你可以分享一些关于IP未来发展方向的思考。这些独特见解或创新内容可以让粉丝看到IP的潜力和可能性，从而激发他们对IP的兴趣和期待。

以上就是按照70-20-10法则制定的一套符合IP发展规划的内容策略。在实际操作中，你可以根据IP的特点和需求，适当调整这个比例，以达到最好的效果。

**第5步**，利用AI做内容回复及互动。

假定写一篇文章——《为什么要去河北衡水湖去旅行？》。在文中讲解了衡水湖很多秀美的景色，紧随其后，评论区当中有如下提问。

提问一：请问衡水湖周边的消费水平如何？

提问二：请问衡水湖周边的旅游基础设施如何？

提问三：我准备去衡水湖旅游，能给我一些建议吗？

以提问三为例，对讯飞星火认知大模型进行提问。

第 10 章　AI 辅助 IP 商业化应用进阶版，跑通底层逻辑 | 165

> **讯飞星火认知大模型输出：**
> 当然可以给你一些建议！以下是衡水湖旅游的一些建议：
> 1. 最佳季节：衡水湖的最佳旅游季节是秋季，特别是9月至10月。这个时候天气宜人，湖水清澈，周围的景色都很迷人。
> 2. 观光项目：在衡水湖，你可以尝试一些水上活动，如划船、踏浪等。这些活动能够让你更好地体验衡水湖的魅力。
> 3. 当地美食：衡水湖周边地区有许多美味的特色菜肴，如鞋底儿烧饼、衡水湖烤鸭蛋等。不妨尝试一下当地的美食，丰富你的旅行经历。
> 4. 住宿选择：如果你计划在衡水湖附近停留一段时间，可以选择入住湖边的度假村或酒店，这样可以更好地享受湖泊美景。
> 希望以上建议对你的衡水湖之行有所帮助！祝你旅途愉快！

对于一些简单无须浪费过多精力的回复，直接用人工智能大模型生成答案即可。利用AI做内容回复和互动，本质上是为了节省时间。

**第6步，利用AI做内容分析及优化。**

**第7步，利用AI做数据反馈及持续改进。**

第6步和第7步需要针对生成的具体内容反馈给人工智能大模型，我用今日头条上某篇文章的数据作为参考，如图10-3所示。

图 10-3　今日头条参考数据

在各大自媒体平台发布文章时，一般都会有该文章对应的数据，比如展现量、阅读量、粉丝展现量、粉丝阅读量、点击率、平均阅读完成率、平均阅读时长等。把这些数据输入人工智能大模型中，然后要求它根据数据来判定文章、视频、直播过程中存在的问题或需要改善的地方。

根据人工智能大模型反馈的信息，进行二次调试或多次调试，以此来保证文章、视频、直播的质量。

## 10.4 AI辅助分析未来趋势，绑定个人与时代红利

俗话说，人无千日好，花无百日红。无论做内容创作还是打造IP都存在一个问题：被时代淘汰。这就需要对未来趋势有一个更精准的分析，可以借助AI来完成。

我总结了一个行业规划模板：

**数据分析＋趋势识别＋场景规划＋策略制定＋监测和调整**

**数据分析**：对现阶段市场数据，包括市场规模增长率、竞争对手情况等，做详细的数据分析。

**趋势识别**：对技术发展趋势、宏观经济趋势、竞争趋势、消费者消费趋势等做甄别。

**场景规划**：假定多个未来场景，且评估多个未来场景对IP发展的影响，包括对市场需求、竞争态势、技术变革等方面的影响。

**策略制定**：对不同场景制定不同的策略，包括产品开发营销、市场定位等。

**监测和调整**：根据行动计划制定执行策略，然后定期做评估并适当调整。

把相关信息输入人工智能大模型中，要求它总结出未来的发展趋势，然后按照人工智能大模型的分析来判定接下来的发展方向。

本节的内容调试需要投喂的数据过多，不再举例。读者可以根据各行业所面临的问题，用已知的真实、有效的信息对人工智能大模型做数据投喂，然后要求人工智能大模型按照上述模板制定行业规划。

同时，也需要尽可能了解该行业在未来发展过程中可能遇到的问题，把这些内容以场景规划的模式，分成不同的固定场景输入人工智能大模型中，再要求它根据具体场景制定执行策略。